Igor Tschubais

Wohin geht Russland?

Igor Tschubais

Wohin geht Russland?

Politisches Tagebuch 2020/21

Übersetzt und herausgegeben
von Dietrich Kegler

Shaker Media

Bibliografische Information der Deutschen Nationalbibliothek
Die Deutsche Nationalbibliothek verzeichnet diese Publikation in der Deutschen Nationalbibliografie; detaillierte bibliografische Daten sind im Internet über http://dnb.d-nb.de abrufbar.

Buchsatz: Ramona Schreiber, Shaker Media GmbH
Covergestaltung: Alicia Schaefer, Shaker Media GmbH
Coverbilder:© Delphotostock, Adobe Stock (211768707)

Printed in Germany.

ISBN 978-3-95631-857-3

Shaker Media GmbH • Am Langen Graben 15a • 52353 Düren
Telefon: 02421 / 99 0 11 - 40 • Telefax: 02421 / 99 0 11 - 49
Internet: www.shaker-media.de • E-Mail: info@shaker-media.de

Zur Herkunft der Texte

Die hier vorgelegten Artikel sind von April 2020 bis Februar 2021 auf der Internetseite des Senders „Echo Moskaus“ erschienen. Die russischen Originaltexte befinden sich beim Herausgeber und Übersetzer.

Zur Transliteration russischer Wörter

Russische Namen und Begriffe transliteriere ich, mit Ausnahme von bibliographischen Angaben, in der üblichen populären Weise.

Der Übersetzer: Dr. Dietrich Kegler

Inhalt

Vorwort des Autors

Warum ich diese Artikelsammlung dem deutschen Leser vorlege

Wenn man ein Vorwort zu einem im Ausland erscheinenden Buch schreibt, muss man wohl oder übel „über sich hinauswachsen“ und entsprechend nachdenken. Zwischen Russland und Deutschland gab es allein im vergangenen Jahrhundert so viele Freundschaften, Kriege, Bündnisse, Konflikte und strategische Partnerschaften, dass schon ihre Aufzählung den hier möglichen Raum einnehmen würde. Deshalb fasse ich mich kurz und bleibe ganz in der Gegenwart.

Ich stimme mit jenen europäischen Analytikern überein, die das Regime im Kreml äußerst negativ sehen und meinen, dass es fast unmöglich ist, sich mit der jetzigen Moskauer Regierung über irgendeine Frage zu einigen.

Aber die Beziehungen zwischen den Staaten sind stabiler und vorhersehbarer, wenn die Positionen ihrer Führer durch den Dialog gewöhnlicher Bürger ergänzt werden. Wenn die Maßnahmen der russischen Machthaber das Land in die Isolation geführt haben, sind Kontakte zwischen politischen Aktivisten und Intellektuellen beider Länder besonders wichtig, denn sie tragen wenigstens teilweise zur Verbesserung des gegenseitigen Verständnisses und zur Eingrenzung von Konflikten bei.

Vor einigen Tagen stieß ich in den Internet-Nachrichten auf diese Überschrift: „Deutschland ist das Hauptziel der russischen Desinformationstätigkeit in der Europäischen Union.“ Mit großem Bedauern muss man sagen, dass in Moskau wohl nur noch die Internetseite von „Echo Moskwy“ übrig geblieben ist, auf der man seine Meinung relativ frei äußern kann. Die Artikel des vorliegenden Sammelbandes sind auf der Internetseite dieses Senders erschienen.

Hier sei darauf hingewiesen, dass ich als Autor der Artikel professioneller Philosoph bin und mich seit dreißig Jahren auf die Analyse sozialer und politischer Prozesse in Russland spezialisiere. Diesen Sammelband kann man in gewisser Weise als politisch- philosophisches Tagebuch der russischen Wirklichkeit ansehen. In mein Gesichtsfeld sind die allerwichtigsten Ereignisse der letzten Monate gefallen, und diese Ereignisse beschreibe ich nicht nur, sondern analysiere sie, gestützt auf historische und philosophische Argumente.

Ich hoffe, dass an Russland interessierte Studenten der Slawistik, Pädagogen, Geschäftsleute hier Neues und Nützliches finden können.

Insbesondere möchte ich meinem deutschen Freund Dieter Kegler danken, der meine Arbeiten mit großem Interesse übersetzt und ihren Autor dem geschätzten deutschen Publikum vorstellt. Dafür sage ich Dir, Dieter, großen Dank! Ich glaube und hoffe, dass wir die Verbindung weiterführen!

Besonderen Dank sage ich auch dem Shaker-Verlag, der die Publikation und Verbreitung meiner Artikel übernommen hat!

Moskau, im April 2021

Igor Tschubais, Doktor der philosophischen Wissenschaften
chubais@Rossievedenie.ru

1. Zum 150. Geburtstag Uljanow-Lenins

Fakten und Folgen

Annäherung an das Thema. Unser Volk ist wie kein anderes in der Welt uneins! Die Ausländer nennen uns „Russen“, aber wir selbst haben bis heute keine einheitliche und allgemeine Form der Anrede finden können. „Damen und Herren“, „Bürger“, „Landsleute“, für manche bis heute „Genossen“. Das alles ist entweder überholt oder noch nicht angenommen. Dafür gibt es viele Gründe, einen von ihnen werde ich nennen.

Bei uns fehlt etwas, genauer gesagt, man gibt uns nichts Verbindendes, was uns wirklich eint – lachen Sie nur, ich meine etwas, worüber wir uns nicht lustig machen. Wir haben keine gemeinsamen Werte, etwas, das man vor den Bolschewiki die Russische Idee[1] nannte und die man heute russländische[2] Idee nennen müsste. Die Wissenschaft hat die russländische Idee[3] aufgezeigt, aber es ist nicht erlaubt, sie zum Bestand des allgemeinen Bewusstseins zu machen. Das Schlüsselwort, das jedes Volk integriert - der Patriotismus – hat bei uns zwei völlig verschiedene Bedeutungen. In normal verfassten Staaten erfüllt die Regierung den Willen des Volkes, aber bei uns ist alles auf den Kopf gestellt, und das Volk muss den Willen der Regierung erfüllen. Daher gibt es auch zwei verschiedene Formen von Patriotismus: einen sowjetisch-untertänigen als absoluten Gehorsam gegenüber „denen da oben“, die Bereitschaft, jedem beliebigen Vorgesetzten zu Füßen zu fallen, und es gibt den bodenständigen, russländischen, echten Patriotismus. Er besteht in der lebendigen Verantwortung für das tragische Schicksal des eigenen Landes, seiner Sprache, seiner Kultur und Geschichte. Niemals darf man das historische Russland und die

1 Vgl. Nikolaj Berdjaev, Die russische Idee. Grundprobleme des russischen Denkens im 19. Jahrhundert und zu Beginn des 20.Jahrhunderts. Aus dem Russischen von Dietrich Kegler. 2., überarbeitete Auflage, Sankt Augustin 2015.

2 Zum Unterschied von ‚russisch‘ und ‚russländisch‘: ‚russisch‘ meint die ethnisch russische Bevölkerung, ‚russländisch‘ dagegen alle Einwohner Russlands, das viele Ethnien umfasst.

3 Vgl. Igor‘ Čubajs, Rossijskaja Ideja. Moskva 2012.

Ergebenheit gegenüber dem „von Gott gesalbten" Zaren mit der UdSSR und ihren Usurpatoren verwechseln.

Ein zweiter Grund, weshalb die für jedes Volk wichtigsten Begriffe bei uns ganz verwirrt sind, hängt mit dem ersten zusammen und ist seine Konsequenz. Das heißt, viele Personen, Ereignisse und Werte, die die Herrschenden in das **Pantheon des nationalen Ruhms** aufzunehmen versuchen, **sind unvereinbar und schließen einander aus**. Das Problem des Dissenses ist in Zeiten der Krise und der höheren Gewalt besonders spürbar, wenn Übereinstimmung, Vertrauen und Einheit unter den gemeinsamen Ideen und Führern besonders erforderlich sind, es solche Führer aber nicht gibt.

Was ist vor allem unvereinbar? Wie jedes Volk ertragen wir Verrat nicht. Doch was geschieht in der Praxis? Die ständig umgeschriebene offizielle Konzeption der russischen Zivilisation behauptet, dass unsere elfhundert Jahre alte Geschichte einheitlich und kontinuierlich gewesen sei. Aber der auch heute offiziell verehrte Alexander Solschenizyn hat gesagt, dass die Sowjetunion der „Mörder des historischen Russland" gewesen sei. Wer hat nun Recht?

Seit den Zeiten von Gorbatschows Perestroika gelangt ein schwacher Abglanz der früher sorgfältig verheimlichten Wahrheit über unsere Vergangenheit zu uns. Vergleicht man die bei uns früher unbekannten Texte und Dokumente mit dem, was bereits bekannt war, kann man ein zuverlässiges Bild von der Entstehung des Sowjetstaates gewinnen.

Nach dem Beginn des Ersten Weltkriegs trat Lenin offen „für die Niederlage seiner Regierung im Krieg" ein. Später sprach er sich ebenfalls offen für die „Verwandlung des imperialistischen Krieges in einen Bürgerkrieg" aus. Für die Realisierung von „Lenins Plan" half das mit Russland Krieg führende kaiserliche Deutschland seiner Gruppe, ungehindert aus der Schweiz durch Deutschland nach Petrograd[4] zu gelangen. Durch das mit Russland verbündete Frankreich zu fahren, konnte Lenin sich nicht entschließen.

---

4 Sankt Petersburg hieß von 1914-1924 Petrograd, von 1924 bis 1991 Leningrad. Danach erhielt die Stadt wieder ihren alten Namen.

Die Verwirklichung von Lenins Plan konnte ohne eine grundlegende Finanzierung nicht gelingen. Die entsprechenden Mittel erhielten die Bolschewiki von Februar 1915 bis Anfang 1918 vom Deutschen Außenministerium und anderen deutschen staatlichen Stellen. Die Gesamtsumme der Überweisungen betrug 60 Millionen Reichsmark. Die Leninisten erhielten aus Berlin auch russisches Geld, aber das war im Unterschied zur Reichsmark gefälscht. Für die Übermittlung dieser Mittel wurde eine Lieferkette eingerichtet: sie reichte von der deutschen Regierung über den russischen politischen Emigranten Parvus[5] zu dem russischen Kurier Ganezki[6], der aus Deutschland über Stockholm nach Russland zu Lenin gelangte.

Die umfangreiche deutsche Finanzierung wurde durch Lenins Bereitschaft gesichert, nach seiner Rückkehr nach Petrograd deutsche Spionageaufgaben zu erfüllen.

Lenins Pläne blieben keine leeren Deklarationen, sondern mündeten in konkrete Aktionen. Vom 3. bis 5. Juli 1917 organisierten die Bolschewiki in Petrograd eine Aktion zum Zweck der Beseitigung der Provisorischen Regierung. In diesen Tagen unternahmen die deutschen Truppen nach Absprache mit Lenin einen Angriff an der russischen Front. Der „Juliaufstand" brach zusammen, da er keine Unterstützung durch die Petersburger erhielt. Gegen seine Organisatoren wurde strafrechtlich ermittelt, aber Lenin gelang die Flucht aus Petrograd, er tauchte in Finnland unter. Ungeachtet des „Misserfolgs vom Juli" waren die Deutschen mit Lenins Arbeit einverstanden und finanzierten ihn weiter und setzten auf ihn.

Bei der Analyse der Kriegshandlungen von Frühjahr bis Herbst 1917 weisen die Autoren mit Recht auf Schwierigkeiten und Probleme in unserer Armee hin. Aber unsere offiziellen Historiker sehen nicht den Zustand, in dem sich die Streitkräfte der Mittelmächte befanden. Und deren Situation und besonders die Situation Österreich-Ungarns waren kritisch geworden. Die Slawen, Tschechen, Kroaten, Slowaken, die die Hauptmasse der österreichischen Armee

---

5 Alexander Parvus (1867-1924), russischer Revolutionär.

6 Jakub Ganezki (1875-1937), polnischer und russischer Revolutionär.

bildeten, die dem Durchbruch Brussilows[7] erlag, konnten und wollten gegen das revolutionäre Russland nicht mehr kämpfen.

Die Wiener Regierung schickte dem Leiter der Provisorischen Regierung A. Kerenski[8] eine geheime Botschaft mit dem Vorschlag, sich am 26. Oktober in Lodsch zu treffen und eine Übereinkunft über das Ausscheiden aus dem Krieg zu unterschreiben. Zehn Tage später war Bulgarien bereit, aus dem Krieg auszuscheiden. Der Krieg endete mit dem Sieg Russlands und der Entente. Aber Berlin erfuhr von den geheimen Plänen seiner Verbündeten und verlangte von Lenin sofortiges Handeln. Mit dem Ausruf „Verzögerung bedeutet Tod" ließen Lenin und Trotzki[9] die Provisorische Regierung festnehmen. Es gelang im letzten Moment, den „Auftrag der Partei" zu erfüllen. Der Umsturz ereignete sich am 25. Oktober, und am 26. Oktober verabschiedete der sogenannte „II. Kongress der Sowjets" ein Friedensdekret, d.h. erklärte die Kapitulation Russlands gegenüber den Mittelmächten.

Zehn Jahre später begann man, den Umsturz die „große sozialistische Oktoberrevolution" zu nennen, und hundert Jahre später kam bei den offiziellen „Antihistorikern" die Bezeichnung „große russische Revolution" auf.

Argumente und Quellen. Das oben Gesagte ist ein kurzer Auszug aus Zeugnissen, Dokumenten und Memoiren, die die beschriebene Chronik der Ereignisse zuverlässig und unstreitig macht. Außer den bekannten Artikeln von Lenin selbst beziehe ich mich auf einige Publikationen, die früher in Russland nicht veröffentlicht, jetzt in kleinen Auflagen herausgegeben und bislang von den meisten Forschern nicht beachtet wurden:

Kerenskij, A.: Poterjannaja Rossija (Verlorenes Russland), Moskau 2014, 508 S.

---

7 Alexej A. Brussilow (1853-1926), russischer General des Ersten Weltkriegs, bekannt durch die Brussilow-Offensive 1916.

8 Alexander F. Kerenski (1881-1970), Führer der russischen Übergangsregierung von Februar bis Oktober 1917. Er konnte nach der bolschewistischen Machtergreifung ins Exil entkommen.

9 Leo Trotzki (Lew Dawidowitsch Bronstein, 1879-1940), russischer Revolutionär, war maßgeblich an der Oktoberrevolution beteiligt; von Stalin ins Exil gezwungen, wurde er 1940 von einem sowjetischen Agenten in Mexiko ermordet.

Mel'gunov, S. P.: Zolotoj nemeckij ključ к bolševickoj revoljucii. (Der goldene deutsche Schlüssel zur bolschewistischen Revolution). Moskau 2007, 634 S.

Z. A. B. Zeman (Hrsg.): Germany and the Revolution in Russia. Documents from the Archives of the German Foreign Ministry 1915-1918. Dieses Buch, eine Dokumentensammlung, wartet noch auf seine Übersetzung und Publikation in Russland.

Schlussfolgerungen und Vorschläge. Die dargestellte Chronik der Ereignisse führt zu einem eindeutigen Ergebnis: die juristische Bewertung der Aktionen Lenins, wie auch immer das Strafgesetzbuch vor oder nach dem Februar 1917 oder das heute gültige sie beurteilt, führt zu dem eindeutigen Urteil, dass Lenin Hochverrat begangen hat. Genau so hat Präsident Putin geurteilt, der im Föderationsrat der Russischen Föderation im Juni 2012 erklärte: „Die Kapitulation Russlands im Ersten Weltkrieg war Hochverrat."

Noch eine kurze aber wichtige Ergänzung zu dem Gesagten. Nachdem Lenin die russischen Gesetze, Normen und Traditionen zerstört hatte, ging er an die Schaffung des sowjetischen Staates, als dessen Ziel der Kommunismus verkündet wurde. Im Zuge der „Erbauung des Kommunismus" wurden Millionen von Russen zu Feinden des Volkes erklärt. Im Land wurden Massenrepressionen organisiert, die sich als völlig sinnlos erwiesen, da die UdSSR zusammen mit der kommunistischen Mythologie im Jahre 1991 unterging. Die Geschichte hat die tragische Absurdität des „Leninschen Projektes" bewiesen. Millionen von Menschen gingen vergeblich zugrunde!

Aber wir haben immer noch keine Konsequenzen aus unserer Vergangenheit gezogen! Ebenso wie Gesundheit und Krankheit, Wahrheit und Lüge, plus und minus unvereinbar sind, so sind Russisches und Sowjetisches, Konstruktives und Destruktives, Leninismus und die von ihm verratene russische Zivilisation unvereinbar. Nachdem es ein Jahrhundert verloren hat, besitzt unser Land noch die Chance auf den Ausgang aus der Krise und auf die Wiedererstehung. Wenn jedes Projekt mit einem richtigen Plan beginnt, wenn „am Anfang das Wort ist", so kann sich auch die Idee eines neuen Russland nicht mit unvereinbaren Prinzipien verbinden. Die Rettung des Landes beginnt mit geistiger und ideeller Reinigung. Wir müssen uns von den leninistisch-bolschewistischen Ortsnamen, von den leninistischen Denkmälern und Museen befreien und endlich das

Mausoleum beseitigen und Lenin aus dem Pantheon der russischen Helden entfernen. Unser Land darf nicht auf der Stelle treten, wir können einen neuen Zerfall Russlands nicht zulassen, müssen zur Geschichte zurückkehren und einen legitimen Platz in ihr einnehmen!

April 2020

2. Eine Richtigstellung: Stalin und der Krieg

Den Stalinisten zu ewiger Erinnerung

Der Monat Mai geht bei uns regelmäßig mit einer Steigerung des Siegestaumels einher, wenn man immer weniger von den unzähligen schweren Prüfungen redet, die unserem Volk auferlegt wurden, und die Versuche zunehmen, den Diktator und Henker Russlands als „Vater des Sieges" darzustellen. Aufgabe unabhängiger Forscher ist es, solche Mythen zu zerstören und uns allen die Erinnerung zu ermöglichen.

Wie und warum Stalin den Krieg entfesselt hat. Nach der Machtergreifung propagierten die Bolschewiki die Losung von der „Weltrevolution". Aber nachdem in Deutschland, Polen, Finnland, Bulgarien, Ungarn, in der Türkei usw. mehrmals Revolutionen organisiert und gescheitert waren, sahen sie ein, dass eine Bolschewisierung Europas nicht zu erwarten war. Um das Ziel zu erreichen, war es nötig, einen Krieg zu entfesseln und in dem eroberten Land ein sowjetisches Regime einzurichten. Daher erhielt die auch nach 1920 beibehaltene Losung der „Weltrevolution" eine neue Bedeutung. Die Bolschewiki begannen ihre Kräfte zu sammeln, um einen Weltkrieg zu entfesseln.

Ein zweites Argument zum Zweck des Projektes „Krieg" ist noch mit einer anderen These der Sowjetpropaganda verbunden. In der UdSSR führte man jahrzehntelang eine träge Diskussion über „die Möglichkeit der Erbauung des Sozialismus in einem Land". Hinter der trockenen abstrakt-theoretischen Formulierung verbarg sich ein ernstes reales Problem. Indem sie begriffen, welche im 20. Jahrhundert nie gesehene Gewalt mit der Behauptung und Erhaltung der bolschewistischen Macht verbunden war, befürchteten ihre Führer, dass die gesamte freie Welt gegen sie kämpfen werde und sie vom Internationalen Gerichtshof in Den Haag verurteilt würden. Die Lösung sahen sie wiederum in der Entfesselung eines großen Krieges. Die Bolschewiki „kämpften immer für den Frieden"[10]. Man kann „für den Frieden" auch übersetzen: „für die Welt", d.h. die Weltherrschaft.

10 Da russisch ‚mir' Friede und Welt heißen kann, ist das Wortspiel nicht übersetzbar.

Jahre vergingen, und in der zweiten Hälfte der dreißiger Jahre entstand in Europa eine für den Kreml optimale Kräfteverteilung. Deutschland träumte unter der Last des Versailler Friedens von Revanche und der Eroberung Europas, konnte das aber nicht ohne Bundesgenossen erreichen. Und Stalin kam unter bestimmten Bedingungen Deutschland zu Hilfe. Das am 23. August 1939 unterschriebene Geheimprotokoll lieferte Stalin die Länder Finnland, Estland, Litauen, Lettland, Ostpolen und Bessarabien aus. Im Text des Protokolls wird direkt von der „politisch-territorialen Umstrukturierung" Europas gesprochen. Wenige Tage nach der Unterzeichnung des Protokolls entfesselten Hitler und Stalin den Zweiten Weltkrieg. Es ist kein Wunder, dass der Kreml 50 Jahre lang behauptete, dass es keinerlei Protokoll gegeben habe. Aber im Jahr 1989 wurde sein Text bei uns offiziell veröffentlicht und als politisch unannehmbar und amoralisch erkannt.

Die Katastrophe des Kriegsbeginns: Stalins besonderes Verbrechen. Die offizielle Pseudogeschichte bietet keine Bewertung der Tragödie des ersten Kriegsjahres. Im Juni 1941 übertraf die Personalstärke der Roten Armee, einschließlich der Reserve, deutlich die Stärke der deutschen Wehrmacht. Es gab ein sechs bis zehnfaches Übergewicht der Roten Armee gegenüber der Wehrmacht an Artillerie, Panzern und Flugzeugen. Fast diese gesamte Ausrüstung und die strategischen Munitionslager in den Grenzgebieten gingen bereits in den ersten Kriegstagen verloren. Das Ergebnis langjähriger Arbeit des gewaltigen Staates war vernichtet. Durch das unerwartete und chaotische Zurückweichen der Roten Armee fielen 70 Millionen Sowjetbürger unter die deutsche Okkupation. Gegen Ende 1941 existierte die Kadertruppe der Roten Armee nicht mehr, drei Millionen Rotarmisten gerieten in Gefangenschaft. Der Feind drang viele hundert Kilometer vor, belagerte Leningrad, gelangte bis in die Nähe von Moskau und Stalingrad. So etwas hatte es im Ersten Weltkrieg nicht gegeben, als der Feind im Norden nicht weiter als bis Riga vordrang und im Süden die Russische Armee sich Konstantinopel näherte und auf fremdem Territorium operierte.

Der Krieg als Scheitern des Sowjetsystems. Am Kriegsende gab Stalin wiederholt zu: „Ohne die Hilfe der USA und Englands hätte die Sowjetunion dem Druck des Dritten Reichs nicht standgehalten und den Krieg verloren".

Um die Situation irgendwie zu bewältigen, stellte man jugendliche Schüler auf Kisten an die Werkbänke, wo sie zehn Stunden arbeiteten. Das ganze Land lebte hungernd auf Lebensmittelkarten. Im Ersten Weltkrieg wurden Lebensmittelkarten erst seit dem Frühjahr 1917 eingeführt. Über die Qualität der forcierten Rüstungs-Produktion spricht ein selten erwähntes Faktum: die Hälfte aller Verluste unserer Luftwaffe waren nicht kriegsbedingt, d.h. die in den sowjetischen Fabriken hergestellten Flugzeuge konnten einfach nicht richtig fliegen. Eine besondere Tragödie ist die noch nicht geschriebene wahre Geschichte der Belagerung Leningrads, wo die Verpflegung für den Lebensunterhalt nur einem Teil der Bevölkerung zustand. Die Partei- und Staatsbeamten, das Personal der Rüstungsbetriebe litten nicht, die Armee wurde normal versorgt. 60 000 Pferde wurden ernährt und blieben unversehrt, aber eine Million einfacher Bürger von Petersburg verhungerte!

Zum ökonomischen Scheitern kam der ideologische Rückzug, um nicht zu sagen, die Flucht. Die Abkehr von der kommunistischen Ideologie begann Stalin bereits in der ersten öffentlichen Rede. Am 3. Juli 1941 wandte er sich an die „Brüder und Schwestern“ und nicht an die „Kommunisten und Parteilose“, den Krieg nannte er den Dritten Vaterländischen Krieg. Der Roten Armee wurden die militärischen Ränge und Schulterstücke der alten russischen Armee zurückgegeben. Es gab nun einen Suworow[11]-, Kutusow[12]- Chmelnitzki[13]- Orden, es gab wieder eine „Garde“. Militärschulen mit den Namen Suworow und Nachimow[14] wurden gegründet. Die Zerstörung und Verfolgung der russisch orthodoxen Kirche hörte auf, ihr Status wurde wiederhergestellt. Die UdSSR trat der Anti-Hitler-Koalition demokratischer Staaten bei und löste die Komintern auf. Statt der Internationalen erhielt das Land eine national-patriotische Hymne. Die russische Flagge zurückzugeben, scheute sich Stalin allerdings.

Stalin als Pseudopatriot. Jeder Staat, der mit dem Nazismus Krieg führte, hatte seine eigenen, spezifischen Ziele. Die Amerikaner verteidigten die Demo-

11 Alexander W. Suworow (1730-1800), russischer General.

12 Michail I. Kutusow (1745-1813), populärer russischer General, überlegener Stratege im Krieg gegen Napoleon.

13 Bogdan M. Chmelnizki (1595-1657), Kosakenhetman.

14 Pawel S. Nachimow (1802-1855), Russischer Admiral, Verteidiger von Sewastopol im Krimkrieg.

kratie, Frankreich kämpfte für seine Freiheit, Polen wollte seine Identität bewahren. Das wahre, unter der Losung des Patriotismus getarnte Ziel des stalinistischen Systems war die Erhaltung und Erweiterung des totalitären Systems, die Erhaltung eines Russlands, das, wie Lenin schrieb, „die Bolschewiki erobert hatten". Schon mit dem Jahr 1946 begannen die patriotischen Reden zu verstummen, neue ideologische Prozesse gegen die „Feinde" – Literaturzeitschriften und ihre Autoren - erstickten das Land, das Regime verhängte die totale Kontrolle über das Denken.

Der Sieg im Krieg durfte nun nicht mehr der Sieg von 53 Staaten der Anti-Hitler-Koalition sein, sondern der Sieg des Sowjetsystems.

Hat jemand noch nicht verstanden? Und wo liegt das Problem? Ich erkläre es: Der „Sowjetsozialismus" ist 1991 gescheitert. Und jetzt erkläre man mir: Was feiern wir am 9. Mai? Die Tatsache, dass die Existenz des Totalitarismus bei uns zu Hause um ein halbes Jahrhundert verlängert wurde oder dass der Stalinismus zurückgekehrt ist oder dass die Koalition der Staaten gesiegt hat und wir gerettet wurden?

Stalin und die Hungersnot der Jahre 1946 – 1947. Die Frage nach dem Sinn und den Zielen des Krieges, der Russland erschütterte, konnte in jenen Jahren nicht Gegenstand offener Diskussion sein, faktisch aber beunruhigte sie jeden, der den Krieg erlebt und überlebt hatte. Ein Teil der nach Hause zurückgekehrten Frontsoldaten war verwundet. Sie hatten nur noch die Kraft, ihre restlichen Jahre und Monate irgendwie zu überstehen. Aber es gab auch solche, die nicht nur unversehrt waren und ihre körperliche und geistige Gesundheit bewahrt hatten. Sie wollten einander davon überzeugen: die Feinde sind besiegt, das heißt, jetzt wird es unabhängige Kolchosen geben, GULAG und NKWD[15] werden aufgelöst. Und es gab auch einen anderen Teil der Russen, die von Stalin nichts Gutes erwarteten. Die Partisanenbewegung formierte sich im Land neu, ein Teil der Aufständischen führte den bewaffneten Kampf weiter, nun aber nicht gegen den Faschismus, sondern gegen den Stalinismus.

Der „Vater der Völker" begriff die Situation ziemlich gut und wollte sie kontrollieren. Der richtige, bolschewistische Ausweg aus der entstandenen

15 Das NKWD war das Innenministerium und Zentrum der geheimen Staatspolizei.

Lage wurde gefunden: Unzufriedene und Naive kamen in den GULAG, und alle zusammen wurden in eine künstlich organisierte Hungersnot geschickt. In den Jahren 1946 bis 1947 befand sich die Hälfte des Landes am Rande der Existenz! Zwei Millionen Menschen verhungerten. Mit der Zeit gelang es, den Protest der Bürger zu unterdrücken.

Eine Bilanz. Man kann das Thema „Stalin und der Krieg" kaum abschließen, denn es geht auch um die Erschießungen von Katyn[16] und die von Stalin sanktionierte Flucht des Kommandeurs der Verteidigung von Sewastopol, der der Wehrmacht 90 000 Rotarmisten auslieferte; es geht auch um die bis heute unbestimmte Zahl von Opfern, mal sind es – nach Gorbatschow - 27 Millionen, mal 42 Millionen, so die Staatsduma im Februar 2017. Ich erinnere zum Vergleich daran, dass wir im Ersten Weltkrieg 700 000 Menschen verloren haben.

Am Tag des Sieges rief Stalin die Regierung dazu auf, niederzuknien und das eigene Volk um Verzeihung zu bitten für den talentlos „gewonnenen" Krieg.

Ich schließe mich den Worten zweier großer Frontsoldaten an, die die Wahrheit über den Krieg gesagt haben. Viktor Petrowitsch Astafjew nannte Stalin einen „Räuber des russischen Volkes". Der Frontsoldat Nikolaj Nikolajewitsch Nikulin schrieb in den „Erinnerungen an den Krieg": Wenn alle Kommandeure der Divisionen, der Armeen und Armeegruppen deutsche Agenten gewesen wären, hätten sie nicht einen solchen Schaden angerichtet wie Stalins Kommandeure![17]

Stalins Platz ist im Schwarzbuch der Verbrechen gegen unser Volk!

April 2020

16 In einem Wald nahe Katyn im Gebiet Smolensk erschossen Angehörige des sowjetischen Volkskommissariats für Innere Angelegenheiten (NKWD) vom 3. April bis 11. Mai 1940 etwa 4400 gefangene Polen, größtenteils Offiziere.

17 Nikulin, Nikolaj: Vospominanija o vojne. Moskau 2020.

3. Russlands letzter Tag[18]

Zur Erinnerung an Sergej Mochnatkin[19], von dem wir kürzlich Abschied nahmen.

In Erwartung des 1. Juli. In der Fülle der Nachrichten – die USA, Michail Jefremow[20], die Pandemie – bleibt die näher rückende Volksabstimmung eines der Hauptthemen. Über dieses a priori entschiedene „Plebiszit" nichts zu sagen, fällt schwer, denn es findet statt,

- während das Land dringend einen wirksamen Mechanismus des Machtwechsels braucht, aber man schlägt uns vor, die Macht unbefristet zu machen;
- der Präsident hat nicht erklärt, warum er lebenslänglich an der Spitze des Staates bleiben muss, und er hat kein „neues Megaprojekt" verkündet, im Gegenteil, denn die Verordnung über die Verfassungsänderung fiel aus der Reihe der zu veröffentlichen „Vorwahldokumente" heraus;
- die vorgeschlagenen alternativlosen Korrekturen, die die Teilung der Macht aufheben, sind eo ipso die letzten Zeichen des Rechtszustands unseres Staates;
- wir erinnern an die Voraussage W. Schirinowskis[21], der sagte, die Wahlen von 2028 würden die letzten Wahlen in Russland sein, aber die Realität übertrifft noch die „kühnsten Prognosen". Nicht nur die

18 Das heißt der letzte Tag vor der Verstümmelung der Verfassung.

19 Sergej Mochnatkin (1954-2020), Bürgerrechtler, wurde wegen seiner politischen Aktivitäten mehrmals inhaftiert.

20 Michail O. Jefremow ist ein renommierter russischer Filmschauspieler und Theaterregisseur. Er verursachte unter Alkohol und Drogen schuldhaft einen Unfall, bei dem ein Mensch starb. Der Fall Jefremow wirbelte in der zerstrittenen russischen Gesellschaft viel Staub auf. Die Zerstrittenheit und Ungleichheit der russischen Gesellschaft wurde sichtbar.

21 Wladimir W. Schirinowski (*1946), Gründer und Vorsitzender der Liberal-Demokratischen Partei Russlands, Mitglied der Duma.

sogenannten Wahlen **gehören der Vergangenheit an**, sondern die **Abstimmung überhaupt**; wie sich gezeigt hat, brauchen wir weder Wahlzettel, noch Beobachter, noch Wahlkampf, wir brauchen lediglich eine Post und die Medien. Im Übrigen ist die einzige reale Sicht auf die Abstimmung die „Abstimmung mit den Füßen" geblieben. Nach 1991 sind 15 Millionen Landsleute zu den „Russophoben" ausgewandert, von wo sie nicht zurückkommen;

- die für den 1. Juli angesetzte Aufhebung der Verfassung streicht Russland aus der Liste der zivilisierten Staaten und verwandelt die Russische Föderation in ein Obervolta, aber mit internationalen Sanktionen und mit den niedrigsten Ratings.

Das alles geschieht unter dem absoluten Schweigen der Machthaber aller Stufen. Übrigens wird das Schweigen begleitet von Reibereien der „stillschweigend einverstandenen" Gruppierungen der Nomenklatura[22], die mit der Losung „**Wir sind immer dafür**" leben; ihr Echo ist weit zu hören, wenn ein hochbetagter Erzpropagandist und Meister des Mikrofons einem anderen uralten Propagandisten und Meister der Kino- und Fernsehkamera auf die Schulter klopft.

Die entstandene absurd-tragische Situation erinnert an die Katastrophe von Pompei. Aber während wir auf dem Bild von Karl Brjullow[23] die Hilflosigkeit des Volkes vor der Naturgewalt sehen, müsste ein postsowjetischer Brjullow in unserem geistig ausgebrannten Jahrhundert die Hilflosigkeit des Volkes vor der Bürokratie darstellen, die die Macht usurpiert hat.

Die stolze Stimme von Radio Moskau verbreitet sich im Fluge über den Planeten: „Die Malaiische Boing – das waren nicht wir". Aber tatsächlich dringt die Stimme des Leiters nicht durch die Mauern des Studios, weil auch er sehr gut weiß, wer das Passagierflugzeug abgeschossen hat.

---

22 Nomenklatura bezeichnet die herrschende privilegierte Führungsschicht der Sowjetunion, beschrieben von dem russischen Historiker Michail S. Woslenski in seinem im Westen erschienenen Buch über die Nomenklatura (1980). Der Begriff wird auch heute in Bezug auf die russische Führungsschicht verwendet.

23 Karl P. Brjullow (1799-1852), russischer Maler.

Kurz, **Korruption, Lüge und Machtgier – das ist das traurige Bild der Realität**.

Wohin gehen wir? Lange gingen wir auf diesen Abgrund zu, doch wollen wir uns klarmachen, wohin wir im Moment geraten. Ein Politiker versucht, die ganze Machtfülle auf sich zu vereinen. In ferner Vergangenheit hat der erste absolute russische Herrscher, Iwan der Schreckliche[24], so gehandelt. Die Probleme entstanden schon in seiner Regierungszeit, aber sie wurden nach dem Tod des Zaren überaus schwer. **Mit Iwan dem Schrecklichen ging Russland zugrunde**, denn **das Ende des Schrecklichen bedeutete den Zerfall aller ihm persönlich unterstehenden Machtstrukturen, da alternative Institutionen der Macht fehlten, die er vorher zerstört hatte.** Das alte Russland erinnerte sich heftig an den **Albtraum der Wirren,** den es in zwanzig Jahren überwand. Aber die illegale Machtergreifung der Bolschewiki wurde zu einer Wiederholung der Wirren. Und jetzt schickt man uns, statt in die Richtung eines Rechtsstaates, in absolute Rechtswillkür! „Wladimir Wladimirowitsch (Putin), Sie verstehen das alles! Ist Ihnen Russlands Schicksal denn so gleichgültig?“

Nun eine Bemerkung zu Sotnik TV ? Sascha Sotnik[25] kenne ich lange. Als ich das neue Buch mit der abweichenden alternativen Konzeption der russischen Geschichte geschrieben hatte, zeigte sich, dass man nirgends darüber sprach und das Buch in wenigen Wochen ausverkauft und in Deutschland bereits herausgegeben war; aber unsere Medien brauchten es nicht. Das hat Sascha schnell erkannt, und ich erhielt von ihm in seinem Programm eine Stunde in der Woche für mein Anliegen. Aber die reale Situation war, wie sich zeigte, erheblich komplizierter. Nach der dritten Sendung ging die Zahl der Zuschauer des Programms zurück. In der vierten Sendung beschloss ich, auf die Zuschauerfragen zu antworten. Danach meldete sich 1 % der Abonnenten des Programms ab, und ich begriff, dass ich Sotniks Werk nicht stören kann und will. **Die wichtigste und überheblichste Frage an mich war außeror-**

24 Iwan IV., der Schreckliche (1530-1584), Großfürst von Moskau und Zar von Russland.

25 Sascha Sotnik ist Schriftsteller und Publizist und betreibt ein Radio- und Fernsehprogramm in Bratislawa.

dentlich aufschlussreich: Warum lieben Sie das (berüchtigte) historische Russland so sehr?

Ich erklärte, dass dieses Russland sich zum Sowjetismus-Postsowjetismus verhält wie Nordkorea zu Südkorea, wie die Bundesrepublik Deutschland zum nationalsozialistischen Dritten Reich. Ich habe dargelegt, dass es bei uns nach dem Oktober 1917 einen Zivilisationsbruch gegeben hat. Ich zitierte Mereschkowski[26]: „Wenn die Zarenmacht ein Joch war, dann war es leichter als eine Feder im Vergleich zum bolschewistischen Joch." Ich zitierte Bunin[27], der 1918 schrieb:"Unsere Kinder und Enkel werden sich dieses Russland nicht vorstellen können, in dem wir einst (d.h. gestern) lebten ... **all diese Kraft und Fülle, den Reichtum, das Glück.**" Ich nannte auch W. Rosanow[28], der 1918 konstatierte: "Auf die Russische Geschichte senkt sich ein eiserner Vorhang!" Ich erinnerte daran, dass 14 Tage vor dem Ende der Belagerung die Leningrader Führung zwanzig Straßen ihre historischen Namen zurückgab und der Newski-Prospekt wieder Newski und nicht „25. Oktober" heißen konnte. Ich zitierte A. Solschenizyn, der geschrieben hat, dass die Sowjetunion der „Mörder des historischen Russland" sei. Aber das hat fast nichts verändert. **Der Hass auf den Sowjetismus ging über in die Ablehnung der zwölfhundertjährigen Geschichte unseres Landes.** Das Leichengift des Sowjetismus hat das Historische Russland vergiftet. **Das Hauptziel der sowjetisch-postsowjetischen Propaganda, das Zerrbild der übrigen Welt durch die Verzerrung der vorbolschewistischen Geschichte des eigenen Landes zu ergänzen, galt ununterbrochen ein ganzes Jahrhundert hindurch, und von diesem Erbe kann man sich nicht leicht freimachen.**

Zitate halfen nicht, Zahlen halfen nicht. Im 20. Jahrhundert ist Russland mit dem weltweit anerkannten Anspruch auf Weltführerschaft aufgetreten. Bis 1917 hat es bei uns das höchste Wachstum des Inlandprodukts gegeben, der höchste demographische Zuwachs, die 10-Rubel-Goldmünze, 10 000 neue Schulen pro Jahr, finnische und schwedische Gastarbeiter in Sankt Petersburg

---

26 Dmitri S. Mereschkowski (1865-1941), russischer Schriftsteller, lebte seit 1919 im Exil.

27 Iwan A. Bunin (1870-1953), russischer Schriftsteller, lebte seit 1919 im Exil.

28 Wassili W. Rosanow (1856-1919), russischer Religionsphilosoph und Schriftsteller.

und Moskau. Das silberne Zeitalter, die große Literatur. Man antwortet mir: „Du Imperialer, wir hassen das Imperium!“ „Unsinn“, antworte ich, „ich bin für einen starken Staat wie Puschkin, wie Dostojewski und Solschenizyn. Russland kam in die Lage, ein Imperium zu werden und den Weg der Sammlung der Länder zu beschreiten, weil es 240 Jahre lang unter dem tatarischen Joch stand. Und nachdem sie die Goldene Horde[29] besiegt hatte, bewahrte die orthodoxe Zivilisation ihren legitimen Platz neben der russischen Zivilisation.

Die Wirkung meiner Worte war minimal, und ich begriff, dass die intellektuell-geistige und zivilisatorische Katastrophe Russlands weiter geht. Es ist der Propaganda heute gelungen, den aktiven Teil der Gesellschaft in zwei Gruppen zu spalten. Die eine, das sind die westlich orientierten Liberalen, die die eigene Geschichte leugnen, die von Russland verächtlich reden, die Russland leise hassen, einfach deswegen, weil es Russland ist. Die andere Gruppe, das sind die Stalinisten. Mit anderen Worten: die Regierungsmacht hat die Gesellschaft in zwei Gruppen gespalten, die ihr genehm sind, in Kremlverehrer, die sich vor dem Diktator verneigen und solche, denen unser Land ohnehin gleichgültig ist, die auf es spucken. Dann gibt es noch die kaum bemerkbaren Nationalisten, d.h. „Patrioten“, die durch die Sowjetpropaganda deformiert sind und ein kleiner Teil wirklicher Patrioten, ohne Anführungszeichen, d.h. jene, die zu ihrer Sprache, ihrem Land, ihrer Geschichte, ihrer Kultur und ihrem Volk stehen.

Ich war kein Fanatiker und werde keiner sein, aber ich will nicht von meiner Meinung abgehen, wenn keine Argumente gegen sie vorhanden sind. Ich suche Raum, um die Diskussion fortzusetzen!

Ist jemand bereit, mit mir zu streiten? Da habe ich noch einige neue Argumente zum Unterschied zwischen dem historischen Russland und der Russischen Föderation. Im Jahre 1891 gab es in Russland zum letzten Mal eine große Missernte. Von den drei künstlichen sowjetischen Hungersnöten unterschied sie sich dadurch, dass sie einerseits ganz offensichtlich von der Natur und nicht von der Staatsmacht verursacht war. In der Zarenzeit starben die Menschen nicht durch Hunger, sondern aufgrund verminderter Immunität durch Unterernährung, deren Folge eine Epidemie war. In der UdSSR kam es in den drei

29 Die Goldene Horde war ein mongolisches Khanat, das Russland über 200 Jahre beherrschte.

Hungersnöten zu Kannibalismus, was es in Russland nicht gab. Nach 1891 nutzte die Regierung einen Fonds „Das Allgemeine Reichs-Ernährungskapital“[30], das schon 1864 geschaffen wurde. Sein Umfang übertraf 500 Millionen Zarenrubel; multipliziert mit 600 ergibt das die Summe im heutigen Geld. Aus dieser Reserve teilte man den Regionen in der Regel nicht rückzahlbare Kredite zu. Heute, unter den Bedingungen der Pandemie, verteilen die Behörden keine Mittel aus dem nationalen Wohlfahrtsfonds. Wie ukrainische Experten meinen, dient dieser Fonds mit dem schönen Namen in Wirklichkeit der Finanzierung des Krieges in der Ostukraine und nicht notleidenden Russen.

Nehmen wir noch einen anderen Unterschied der Zeit vor und nach 1917. Heute ist faktisch jede Form der Äußerung abweichenden Denkens der Bürger verboten. Niemand hat je davon gehört, dass der Präsident eine Gruppe Streikender in den Kreml eingeladen hätte. Der Kaiser dagegen hat sich 1905 nicht nur mit einer Delegation Protestierender getroffen, sondern auch ihre Forderungen akzeptiert. Es kam zur gewählten Duma, und die Verfassung wurde angenommen. P. A. Stolypin[31] begann mit seiner Reform. Die Arbeiter erhielten das Recht, auf dem Gelände der Fabriken, in denen sie arbeiteten, zu demonstrieren. Dieses Recht hatten sowjetische Arbeiter nie, und heute haben die Arbeiter es auch nicht; den Studenten, die ihre verhafteten Kommilitonen unterstützen wollten, wurde es ebenso verboten.

Schließlich trat an die Stelle der russischen **Strategie der Problemlösung durch Dialog** das Sowjetsystem: durch harte Repressionen der Sicherheitskräfte und die „Propaganda der Leugnung“ nach dem Motto: „Das sind nicht wir, so etwas gibt es nicht, das beweist nichts.“

Was folgern wir daraus? Das ist nicht schwer zu sagen. Man muss erkennen, dass das reale Bild der sozial-politischen Situation in unserem Land durch den Mythos ersetzt worden ist. Die Gesellschaft mit ihrer unterentwickelten und falschen Identität kann adäquate staatsbürgerliche Forderungen einfach nicht erkennen und formulieren. Ohne Patriotismus als Fundament des nationalen Selbstbewusstseins, ohne die Anerkennung des Rechts der Gesellschaft, der Regierung Forderungen zu stellen, wird es keine positiven Veränderungen geben.

30 Russisch: Obschtscheimperskij Prodovol'stvennyj Kapital.

31 Pjotr A. Stolypin (1862-1911), russischer Staatsmann und Reformer. Die Umstände seiner Ermordung sind bis heute nicht geklärt.

Diese können mit Veränderungen in der Schule, in der Kultur und in der Informationspolitik beginnen.

Juni 2020

4. Wie der Garant der Verfassung ihr Zerstörer wurde

Eine Bilanz des „Referendums“

Die Urteile über das durchgeführte Pseudoreferendum in den offiziellen Medien und im unabhängigen Internet differieren um 180 Grad, deshalb lohnt es sich, die Analyse der sich eine Woche lang hinziehenden Partie weiterzuführen. Zunächst möchte ich bemerken, dass die juristische Relevanz des Referendums nichtig ist.

Die vorgenommenen Änderungen können gemäß der Verfassung der Russischen Föderation nur von der Verfassunggebenden Versammlung angenommen werden, die niemand einberufen hat, und bei jeder einzelnen Änderung muss eine gesonderte Abstimmung stattfinden, die es nicht gegeben hat. Unter den 206 Änderungen sind Punkte, die die ganze Verfassung und den rechtlichen Charakter des Staates aufheben: die Gewaltenteilung ist beseitigt, alle Machtbereiche wurden dem Präsidenten unterstellt. Das nationale Recht wurde zum höchsten und definitiven Recht erklärt, so dass auf dem Staatsgebiet je nach dem Maßstab der russischen Verfassung das internationale Recht gilt oder nicht gilt. Damit hat die Russische Föderation den internationalen Rechtsraum verlassen. Es ist klar, dass die vorgenommenen Änderungen bei uns solange wirksam sind, bis der Präsident abgelöst wird. Nach seinem Abgang werden die Beamten misstrauisch und boshaft mit den Augen rollen und lauthals behaupten, dass sie alles längst vorausgesehen hätten, aber einfach nichts machen konnten, usw. Tatsächlich wichtig ist etwas anderes: mit Inkrafttreten des neuen Pseudogesetzes ändert sich alles auf dem politischen Feld.

Der außenpolitische Faktor als ständiger politischer Spieler. Die Venedig-Kommission ist eine gesamteuropäische Institution, die den rechtmäßigen oder unrechtmäßigen Status der Dokumente erklärt, die von den Ländern, die dem Europarat beitreten, angenommen werden; die Russische Föderation ist Mitglied des Europarats seit 1996. Die Kommission wird schleunigst eine negative Bewertung der am 1. Juli angenommenen „Berichtigungen“ abgeben.

Und dann stellt sich erneut die Frage nach der Mitgliedschaft der Russischen Föderation im Europarat, in der Parlamentarischen Versammlung des Europarats usw. Dem Prestige unseres Landes, das jetzt schon äußerst gering ist, wird damit ein neuer Schlag versetzt.

Sehr schnell wird sich in der UNO der Druck auf Russland, einem ständigen Mitglied im Sicherheitsrat, verstärken. Viele werden nicht einsehen, wie man einem Staat das Vetorecht geben kann, der die Priorität des internationalen Rechts nicht anerkennt. Solche Fragen wird man nicht stillschweigend mit Hilfe von Geld lösen können. Ich füge hinzu, dass Fachleute einen Sieg Trumps bei der Präsidentenwahl am 3. November für immer weniger wahrscheinlich halten. Das bedeutet, dass die „Abstimmung" die Spannung zwischen dem Kreml und der übrigen Welt verstärkt; die Zahl der „Freunde Russlands", die ohnehin äußerst gering ist, kann schlicht auf null sinken.

Eine andere Koordinatenachse, die die Strategie des Kremls beeinflusst, ist die Position der russischen Bürger. Die offizielle Propaganda möchte direkt und indirekt beweisen, dass unser Volk das geduldigste, gehorsamste und zur Selbstaufgabe bereiteste Volk ist. Für die Propagierung solcher Ideen gibt es gewisse Voraussetzungen. In der „schrecklichen Zarenzeit" herrschte das Prinzip: „Wenn die Untertanen unzufrieden sind, ist der Herrscher der Schuldige." In Westeuropa gilt das Prinzip: **„Die Regierung muss den Willen des Volkes realisieren."** Bei uns herrscht seit 1917 die umgekehrte Regel: **„Das Volk muss die Forderungen der Regierung realisieren."** Doch die reale sowjetische Geschichte zeigt, dass die Situation erheblich komplizierter ist.

Im März 1921 endete der Bürgerkrieg, in Moskau tagte der X. Kongress der Bolschewistischen Partei, der „Kongress der Sieger". Plötzlich eilte Lenin auf die Tribüne und schrie: „ Wir geben nach, wir erlauben Privateigentum, Marktwirtschaft und Geld … wir führen die Neue Ökonomische Politik ein." Gar nicht auf die Forderungen der Aufstände von Kronstadt und Tambow[32] zu reagieren, das konnte er nicht!

32 Der Kronstädter Matrosenaufstand gegen den sowjetischen Terror ereignete sich im März 1921. Er bewirkte Lenins Neue Ökonomische Politik. – Der Bauernaufstand von Tambow gegen die Zwangsabgaben der Landwirtschaft ereignete sich im August 1920. Etwa 100 000 Menschen wurden inhaftiert und Tausende erschossen.

Im Großen Vaterländischen Krieg verzichtete Stalin plötzlich auf die kommunistische Ideologie, ersetzte sie durch Patriotismus. Es gab nun wieder den Suworow- und Kutusow-Orden (obwohl ein Nachkomme des einen als Diakon in der Russischen Befreiungsarmee diente, der andere im GULAG saß), die Russische Orthodoxe Kirche kehrte zurück, die Kommunistische Internationale wurde aufgelöst. Aber auch das schützte nicht vor dem Wiederbeginn des Bürgerkriegs. Anderthalb Millionen unserer Mitbürger kämpften gegen die eigene Regierung, sechs Millionen Menschen, zahlreiche Volksgruppen wurden zu Verrätern erklärt und deportiert.

Im März 1953 starb Stalin. Das Volk reagierte durchaus nicht mit Schweigen. In Workuta und Norilsk beginnen Aufstände, es kommt zur „Revolution der Gefangenen". Chruschtschow ist genötigt, den GULAG aufzulösen, nachdem er den Mythos vom „Verdienst der Entstalinisierung" der Partei und des XX. Kongresses der Kommunistischen Partei geschaffen hatte.

Die Perestroika Gorbatschows ist auch nicht vom Himmel gefallen, sie war die notwendige Antwort auf die Unterdrückung der Gesellschaft, Antwort auf die außerordentlich wirksamen Aktivitäten einer kleinen Gruppe von Dissidenten und den massenhaften Spott des ganzen Volkes über die Regierungsmacht, die „Revolution der Witze". An die Demokratiebewegung von 1991, an die Entstehung eines Staatskomitees für den Ausnahmezustand wird sich der Leser noch erinnern.

Und was geschieht jetzt? Resultat der Verfassungsänderung wird eine Verschlechterung des intellektuellen und wirtschaftlichen Lebens in unserem Land sein. Das bedeutet, dass der Protest erneut wachsen wird, bis er offen zu Tage tritt.

Der dritte und vierte Spieler unseres politischen Schachspiels ist der nicht von allen erkannte Gegensatz zwischen dem System und dem Führer, der sich durch die gesamte Existenz des sowjetisch-postsowjetischen Systems zieht.

Lenin war der „Führer des Proletariats", er kam in das Mausoleum und liegt dort bis zum heutigen Tag als entschlafener Vorsitzender des Rates der Volkskommissare, obwohl er die letzten anderthalb Jahre seines Lebens seiner Aufgabe nicht gewachsen war (Neurosyphilis konnte man damals nicht heilen). Der Mythos vom „überragenden Lehrer" hält sich bis heute, ungeachtet der

Tatsache, dass das System sich in keiner Weise bemühte, die von ihm geschriebenen kindlich naiven und unsinnigen Vorschläge zur „Reorganisation der Arbeiter- und Bauerninspektion" ebenso wie den herzzerreißenden „Brief an den Kongress" zu realisieren. Das russische Genie Warlam Schalamow[33] ist für den Versuch, Lenins „Brief an den Parteitag" zu verbreiten, für 20 Jahre in den GULAG gekommen!

Stalin hat in seiner Konfrontation mit dem System den absoluten Sieg errungen, indem er kein Steinchen von ihm auf dem anderen ließ. Er konnte jeden beliebigen Menschen ohne Zögern einsperren und vernichten, vom nahen „Gleichgesinnten" bis zum fernen Kolchose-Aktivisten, den er niemals gesehen hatte. Es ist kein Wunder, dass die Diskussion der Nomenklatura um den Namen Stalin nach dessen Tod, das Bemühen, sich an ihm zu rächen oder ihn in die politische Szene zurückzuholen, bis heute anhalten.

Die Geschichte Chruschtschows ist ebenfalls eine Geschichte der Konfrontation, einer Konfrontation übrigens, die sehr weit ging. Mit seiner begrenzten Entstalinisierung kam Chruschtschow 1962 zu dem Schluss, dass man das ganze System verändern müsse. Dafür schickten ihn, den Generalsekretär, seine Kampfgefährten im Oktober 1964 in Hausarrest. Chruschtschow beklagte sich, aber das System siegte und hasst ihn bis heute. Übrigens konnte die Situation für Nikita Sergejewitsch erheblich schlimmer enden, denn sein nächster Freund, Leonid Breschnew[34], versuchte den KGB-Chef Wladimir Semitschastnyj zu überreden, für den „treuen Leninisten" einen Flugzeugabsturz zu organisieren; aber das gelang irgendwie nicht, oder man fand nicht die richtige Verbrämung, und das System ließ Chruschtschow immerhin leben, heftete ihm aber den albernen Spitznamen „Maisbauer"[35] an.

---

33 Warlam T. Schalamow (1907-1982), Schriftsteller und Dissident, verbrachte viele Jahre seines Lebens in Straflagern. Der Brief Lenins an den Parteitag wird auch als Lenins Testament bezeichnet. In ihm äußert sich Lenin über grundlegende Änderungen in der Parteiführung und über Führungsqualitäten beteiligter Personen.

34 Leonid I. Breschnew (1906-1982) war von 1964 bis 1982 Generalsekretär der KPdSU.

35 Spöttische Bezeichnung für Chruschtschow, der Mais in dafür ungeeigneten Gebieten anbauen wollte.

Der viel erfahrene Breschnew konnte geschickt lavieren und spielte mit dem System, dessen Regeln er beherrschte. Als Hauptgast des Kongresses der polnischen Kommunisten und wichtigster „Fortsetzer des Werkes des großen Lenin" hörte er die Klänge der Internationalen, stieg auf den Tisch des Präsidiums und begann, den Saal zu dirigieren. (Ja, Jelzin hatte seinen heroischen Vorläufer.) Der Kameramann des Warschauer Fernsehens richtete die Kamera von Breschnew weg auf die Seite, wofür er von der polnischen Regierung 20 000 Sloty erhielt. Aber während seiner Zeit im geliebten Sawidowo[36] fiel Breschnew nachts in Demenz und Depression. Er verlangte, das ganze Politbüro unverzüglich dorthin zu rufen. Als die Freunde erschienen, flehte er sie an, ihn von seinen Pflichten zu entbinden. Krankheit, die Unfähigkeit, normal zu sprechen und sich zu bewegen, bedrückten Breschnew sehr. Aber das System dachte nicht daran, den arbeitsunfähigen Führer zu entlassen, hinter dessen Rücken man sich völlig sicher fühlen konnte. Man vereinbarte lediglich, den Arbeitstag des Generalsekretärs auf drei Stunden zu verkürzen.

Das System besiegt haben auch Gorbatschow und Jelzin.

Man wird fragen, was sich mit der Verfassungsänderung geändert hat. Durch die Verfassung wurde die harte Vertikale ausgebaut, und die ganze Machtfülle befindet sich nun in den Händen eines einzigen Menschen. Werden die Beamten das begrüßen? Die Ergebnisse der Abstimmung in dem Gebiet von Archangelsk zeigen, dass die Situation nicht so einfach ist, dass nicht die Abstimmenden, sondern die Stimmenzähler die Ergebnisse bestimmen. Aufschlussreich ist auch die offene Differenz der Position hinsichtlich der Verfassungsänderungen beim erfahrenen Politspieler Sjuganow[37].

Im Allgemeinen kann man sagen, dass die Situation in jeder Hinsicht komplizierter geworden ist und die Spannung sich verstärkt. **Indem Putin den Kampf für das „Referendum" (d.h. für die Aufhebung der Wahlen) gewann, hat er sich selbst in eine noch riskantere Lage begeben.**

Wenn die Macht der Bolschewiki in Russland mit der Aufhebung des Rechts begonnen hat - am 30. November 1917 verbot Lenin die Anwendung

36 Ein Ort im Gebiet Twer.

37 Gennadi A. Sjuganow (*1944) ist seit 1993 Vorsitzender des Zentralkomitees der Kommunistischen Partei der Russischen Föderation.

des gesamten Corpus der russischen Gesetze - so vollendet die Post-UdSSR die Beseitigung der Grundlagen des Rechtssystems.

Juni 2020

5. Der geistige Tod des Regimes oder Wer am „System Lenin-Stalin-Putin“ festhält

Rückblick. Fast fünfundzwanzig Jahre lang versuche ich, ehrlich gesagt, nicht sehr erfolgreich, aber auch nicht ganz ohne Wirkung zu zeigen, dass die tausendjährige Geschichte des vorbolschewistischen Russlands, vor allem, wenn man sie von der Post-UdSSR her betrachtet, überaus erfolgreich war. Immer wieder wendet man ein: „Aber die Leibeigenschaft!“. In der Tat hat sich die Fälschung, die die Erinnerung an drei künstliche Hungersnöte in der Sowjetunion ersetzt hat, die 14,5 Millionen Menschen das Leben kosteten, tief in das Bewusstsein eingeprägt! Und die „schmachvolle Niederlage im Krimkrieg“ – wiederholen meine Kritiker immer wieder! Aber hat man denn nicht verstanden, dass diese Niederlage, die erste nach 150 Jahren, nützlicher war als viele Siege? Denn nach ihr folgten tiefe Reformen des Systems, die das Land veränderten? „Und was war mit dem verlorenen Ersten Weltkrieg?“ Ich antworte ihnen: Russland hat in ihm gesiegt, am 26. Oktober (1917) war Österreich-Ungarn bereit, die Kapitulation vor Russland zu unterschreiben. Deshalb beeilte sich Lenin, der über die Pläne Wiens informiert war, mit dem Ausruf „ein Zögern bedeutet Tod“ den Staatsstreich auszuführen und kapitulierte danach verräterisch vor unseren Gegnern. Den Akt des unerhörten Hochverrats vertuscht bis zum heutigen Tag der verlogene Begriff „Großer Oktober“.

Insbesondere erinnere ich noch an ein Argument: „Ja was denn“, fragen meine Kritiker ironisch, „haben Sie nicht unsere Klassiker gelesen und deren Kritik des russischen Lebens nicht bemerkt?“ Ich habe das nicht nur bemerkt, sondern auch nicht vergessen, dass unsere Literatur eine Literatur des „kritischen Realismus“ war, sie rühmte nicht die Machthaber und das System, sondern untersuchte wunde Punkte, die es gab. Das war die freie Antwort einer gesunden und offenen Gesellschaft auf vorhandene Probleme.

Und kommen wir **zum ersten wesentlichen Punkt**. Unter der vielstimmigen Schar der Schriftsteller, die das Land der großen Literatur berühmt machten, war ein Autor, nämlich Saltykow-Schtschedrin[38], der weniger das Regierungssystem kritisierte - er war als Vizegouverneur Beamter – als vielmehr unser Volk, d.h. die russischen Menschen überhaupt. Für mich blieb es immer eine Frage, ob diese Kritik angemessen war. Ich erinnere daran, dass Dostojewski und Turgenjew dem Satiriker kritisch gegenüberstanden.

Ich komme zum Wichtigsten. Früher habe ich beständig alles kritisiert, was mit dem Begriff „Sowjetregime" zusammenhängt, und versuchte zu zeigen, was der Urheber unserer Probleme ist: das seit hundert Jahren bestehende destruktive Herrschaftssystem. Jetzt aber tue ich im Streit mit mir selbst einen schweren Schritt nach vorn und gebe zu: **es gibt Übel, an denen wir schuld sind, ich wiederhole, wir selbst,** nicht die korrumpierte und demoralisierte, heruntergekommene Beamtenbande!

Und noch eine Bemerkung. Wenn ich meine Freunde aus Polen, aus dem Baltikum, aus der Slowakei frage, wie es ihnen gelungen sei, ziemlich schnell und erfolgreich die grundlegenden sozial-politischen Reformen durchzuführen, höre ich immer wieder: Als sich „das Fenster der Veränderungen" wirklich öffnete, war die Gesellschaft schon dazu bereit; das Nationalbewusstsein begriff, welche Veränderungen notwendig waren und wovon man sich trennen musste.

Schauen wir einmal, wie die Dinge bei uns liegen. Was hat unsere Gesellschaft erkannt und wozu ist sie nicht bereit?

Ein Besuch in Susdal[39]. Anderthalb Millionen Touristen, so viele Gäste besuchen jedes Jahr das Gebietszentrum mit einer Bevölkerung von etwa 10 000 Einwohnern. Das ist kaum weniger als die Zahl der Besucher, die nach Moskau kommen. Warum? Die Antwort ist einleuchtend: Susdal ist eine Stadt, wo die allergrößte Zahl an Denkmälern, Kirchen und Klöstern des historischen Russlands erhalten ist. Die Bolschewiki haben hier „nicht ganze Arbeit geleistet", wenngleich ein Teil der Kirchen zusammen mit ihrer inneren Ausstattung vernichtet und geraubt worden ist. Eine der Kirchen wurde Kaserne eines NKWD-Regiments, dann befand sich in ihr ein Gefängnis für minderjährige Mädchen. Es wurde im Jahr 1967 geschlossen, nach (oder vielleicht als Folge

38 Michail. J. Saltykow-Schtschedrin (1826-1889), Schriftsteller und Satiriker.

39 Susdal ist eine russische Stadt im Gebiet von Wladimir. Sie liegt rund 200 km nordöstlich von Moskau. Die kleine Stadt gehört zu den ältesten Städten Russlands.

von) einem Besuch Jurij Gagarins[40]. In dem Frauenkloster des Heiligen Nikolaus ist sogar der alte Ikonostas erhalten. Als 1935 Tschekisten hier auftauchten, weigerte sich die Beschließerin, das Tor der Kirche zu öffnen: sie wurde gnadenlos verprügelt und verbrachte 17 Jahre in Lagern, aber sie erlaubte es nicht, die Kirche zu entweihen. Die verrohten Banditen scheuten sich, die Kirche zu betreten. Übrigens wurde das Mausoleum des Retters Russlands, Dmitri Poscharski[41], im Jahre 1933 „bis auf den Grund" zerstört.

Ich verneige mich vor den Menschen aus Susdal, die gelitten haben, und möchte die wichtige Frage stellen, **warum sie, die ihre Stadt besser als andere vor den Leninisten geschützt haben, es bis heute dulden, dass die Hauptstraße ihrer Stadt den Namen Stalins, des Führers der Russenmörder trägt,** warum vor dem Verwaltungszentrum des Gebiets wie früher sein verewigtes Denkmal steht. Und ich richte eine Frage an alle: Warum wird die Errichtung neuer Denkmäler für den Henker Stalin offen befürwortet, und warum hört man kaum etwas von einer Forderung der Susdaler nach einer Reinigung von den Leninisten? Aus der Tiefe Russlands müsste ein großer Selbstreinigungsprozess beginnen! Und alles beginnt doch mit dem Wort, mit der Idee!

Über die „Blockade" Leningrads. Wie man weiß, ist uns die Erinnerung an den Krieg teuer ebenso wie die Heldentat der Leningrader, die die Blockade aushielten. Sie fragen, was eine Blockade ist. Es ist die vollständige Isolierung einer Stadt, wenn der Feind sie eingeschlossen hat, es ist unmöglich, hinein oder heraus zu gelangen, alle Transportverbindungen sind durch die feindlichen Truppen abgeschnitten.

Es ist aber eine Tatsache, dass während der Belagerung Leningrads immer eine Straßenverbindung in das nicht von den Deutschen besetzte Gebiet bestand.

Kommen wir nun zu einigen konkreten Schlussfolgerungen. Ich erkläre, warum das Gesagte wichtig ist und was wir bis heute nicht verstanden haben.

---

40 Juri A. Gagarin (1934-1968), sowjetischer Kosmonaut, erster Mensch im Weltraum. Er verunglückte tödlich durch einen nicht völlig aufgeklärten Flugzeugabsturz.

41 Dmitri M. Poscharski (1578-1642), russischer Fürst, der zusammen mit Kusma Minin Moskau von der polnischen-litauischen Okkupation befreite. Auf dem Roten Platz in Moskau steht ein Denkmal der beiden Männer.

Der Unterschied zwischen einer „Blockade" und einer „Belagerung", zwischen einer vollständigen und einer partiellen Isolierung einer Stadt ist hoffentlich ganz klar. Handelt es sich um eine längere und vollständige Abschließung eines bewohnten Ortes, so trägt die Verantwortung für den Tod der Einwohner zu 99% die feindliche Armee und ihre Führung, die die Blockade organisiert hat. Aber hier trägt die Verantwortung für den Hungertod von anderthalb Millionen belagerten Leningradern mindestens zur Hälfte die Führung der Stadt und des Staates, die das notwenige Maß an Versorgung nicht geleistet hat.

Heute haben, abgesehen von der Tatsache halb geschlossener Archive, Nikolaj Sawtchenko[42] und andere unabhängige Forscher vieles an der Darstellung der Leningrader Katastrophe korrigiert. Es zeigte sich, dass die Organisatoren der Stadtverteidigung bei der Festsetzung der Normen für die Lieferung der Lebensmittel die Einwohner in vier Kategorien einteilten. Die erste Kategorie waren die Partei- und Staatsbeamten. Sie wurden wie in Friedenszeiten „nach Bedürfnis" versorgt. Die zweite Kategorie war die Armee, die mit allem Notwendigen versorgt wurde. Im ersten Halbjahr des Krieges wurden die Rotarmisten besser ernährt als die Soldaten der deutschen Wehrmacht. Es kam vor, dass Militärs, die in die Stadt kamen, hungernden Leningradern Lebensmittel gaben. Die dritte Kategorie waren kriegsnotwendige Betriebe, deren Lebensmittelversorgung mehr oder weniger ausreichte. Alle übrigen gehörten zur vierten Kategorie: Pensionäre, Kulturschaffende, im Bildungswesen Tätige, Kinder. Die eigene Regierung opferte sie!

Aber das Furchtbarste an dieser ganzen beschämenden Situation ist vielleicht, dass die Lager der Stadt immer mit genügend Lebensmitteln gefüllt waren, die jeweils für ein bis zwei Monate sicher ausreichten. Aber die Stadtbewohner, die Kannibalismus erleben mussten, brachen zusammen und starben direkt auf den Straßen, ohne zu versuchen, die riesigen Vorräte zu verteilen! Und das ist nur ein kleinerer Teil der Wahrheit über die Belagerung!

Ich frage die offiziellen Historiker und die Veteranen von Leningrad. Warum sprechen **Sie weiterhin von einer Blockade und nicht von einer Belage-**

42 Nikolaj N. Sawtschenko (*1972), Priester, Publizist und Autor einiger Arbeiten über die Geschichte Russlands im 20. Jahrhundert.

rung? Und eine Frage an alle: **Geben Sie die Verantwortlichkeit Stalins und Schdanows**[43] für den Hungertod von anderthalb Millionen Menschen zu?

Und nun vom Speziellen zum Allgemeinen. Wiederum frage ich alle. **Handeln wir richtig, wenn wir einem System vertrauen, das ohne Gewissensbisse und ohne Erklärungen, indem es die Frage der Verantwortlichkeit ausschließt, fortwährend die allgemeinen nationalen Koordinaten und grundlegenden Werte verändert? Kann man einer Regierung vertrauen, die nicht sagen kann, wohin sie das Land führt?** Sie verstehen nicht, was ich meine? Ich will es erklären.

Siebzig Jahre lang hat man an uns appelliert, **für soziale Gerechtigkeit, gegen Ausbeutung und Privateigentum, für den Kommunismus zu kämpfen.** Auf diesem Weg wurden viele Millionen „Feinde" vernichtet und Repressionen unterworfen. Ihre Zahl wird bis heute nicht genannt und bleibt oberstes Staatsgeheimnis. Dann wird ohne Diskussion erklärt, dass gerade **das Privateigentum, die Ausbeutung, die soziale Ungerechtigkeit und Ungleichheit** gut und richtig sei und wir nicht den Kommunismus, sondern den Kapitalismus nötig hätten! Dabei wurden die Opfer des „Klassenkampfes" nur teilweise rehabilitiert, die Henker sind im „Buch der Helden" geblieben, und die Führer wechselten weder unter dem sogenannten „Sozialismus" noch unter dem sogenannten „Kapitalismus". Ist denn das „System Lenin-Stalin-Putin" ewig?

Eine andere grundsätzliche Frage. Siebzig Jahre lang hat man uns beweisen wollen, dass es keinen Gott gibt, die Religion wurde verfolgt, die Gläubigen erlitten schreckliche Strafen. Aber vor dreißig Jahren hieß es, dass Gott doch existiere, und die Beleidigung religiöser Gefühle wurde unter Strafe gestellt.

Und weiter. Wir erinnern uns an die wichtige sowjetische Parole: der „Große Oktober ist das wichtigste Ereignis des 20. Jahrhunderts". Jetzt aber heißt es nicht mehr „Oktober", sondern der „große Sieg". Und: „Keiner ist vergessen und nichts ist vergessen!" Allerdings wird die Zahl der „Unvergessenen" laufend revidiert, sie wuchs von 7 auf 42 Millionen, dann fiel sie wieder auf 27 Millionen Menschen. Das sind die offiziellen Zahlen. Ich füge hinzu, dass weder die USA noch Großbritannien die Zahl der Kriegstoten jemals revidiert haben.

43 Andrej A. Schdanow (1896-1948) war enger Mitarbeiter Stalins und ein rücksichtsloser Akteur der Stalinschen Säuberungen in den dreißiger Jahren.

Ich fasse zusammen. Niemand wird für uns die Folgerungen ziehen, die wir selbst ziehen müssen. Und diese Folgerungen sind evident. Das politische Unterdrückungssystem in Russland ist verlogen, insolvent und unannehmbar. Wir brauchen seine friedliche Demontage und die Kontinuität mit dem historischen Russland, natürlich einem reformierten, modernisierten und durch die Erfahrung der westlichen Demokratien bereichertes Russland. Nur so ist der Niedergang und der Untergang Russlands aufzuhalten! Die Veränderungen beginnen, wenn der maßgebliche Teil der Gesellschaft das einsieht!

Juni 2020

6. Russland heute

Eine Momentaufnahme

Endlose Beleidigungen, Unterdrückung, Drangsalierung, die Selbstverbrennung von Irina Slawina[44], die Vergiftung Nawalnys[45], der Tod von Sergej Mochnatkin[46] (nach zwei Wirbelbrüchen während der Haft), das Gerichtsurteil über den Historiker Dmitriew[47], die Ermordung von Boris Nemzow[48] und die Fälle W. Juschtschenko[49], A. Politkowskaja[50], Ju. Schtschekotschin[51] und so weiter und so weiter…

Die ökologische Vergiftung des ganzen Landes, von Kamtschatka und Schies[52] bis zum Moskauer Gebiet und Kaliningrad.

Sinnlose Wirtschaftsprojekte, die die Wirtschaft ruinieren, das nicht fertige Projekt Nordstream 2, der unnütz gebaute Südstream, die nicht aktivierte Türkische Leitung, die mit Milliardenverlust an Dollars arbeitende Gasleitung „Sila Sibiri".

---

44 Irina W. Slawina, Pseudonym für Irina W. Murachtajewa (1973-2010), Journalistin und Systemkritikerin, tötete sich durch Selbstverbrennung am 2.10.2020.

45 Alexej A. Nawalny (*1976), Rechtsanwalt, Politiker, Dissident von großer Popularität, überlebte 2020 einen Giftanschlag, wurde in Deutschland behandelt und kehrte nach Russland zurück, wo er am 2. Februar 2021 zu mehrmehrjähriger Haft im Straflager verurteilt wurde. Der Europäische Gerichtshof verlangt seine Freilassung.

46 Sergej Mochnatkin, s.o. Anmerkung 11.

47 Juri A. Dmitrijew (*1956) wurde wegen seiner Forschungen über sowjetische Verbrechen 2020 zu 13 Jahren Lagerhaft verurteilt.

48 Boris Jef. Nemzow (1959-2015), Politiker und Kritiker Putins, wurde im Zentrum Moskaus ermordet.

49 Viktor Juschtschenko (*1954), ehemaliger Ministerpräsident der Ukraine. Erlitt eine Dioxinvergiftung, hinter der man Putin vermutete.

50 Anna S. Politkowskaja (1958-2006), Menschenrechtsaktivistin, Reporterin, berichtete u.a. über den Tschetschenienkrieg, 2006 ermordet.

51 Juri P. Schtschekotschichin (1950-2003), Menschenrechtsaktivist, Dumaabgeordneter. Die Umstände seines Todes sind nicht geklärt.

52 Russisch Шиес, eine Bahnstation im Gebiet Archangelsk.

Die Wiedereinführung der verfassungswidrigen Zensur und das faktische Verbot freier intellektueller Betätigung, die Überwachung der freien wissenschaftlichen und künstlerischen Tätigkeit, die Zensur der Medien.

Ständige bewusste und planmäßige Spaltung eines Volkes in „Extremisten" und eingeschüchtert Schweigende, in Blogger und Trolle.

Die Zerstörung des russischen Sports, des Bildungswesens, der Medizin und des Gesundheitswesens.

Die staatliche Indienstnahme und Subordination der Führer der Russisch-Orthodoxen Kirche, wodurch die Orthodoxie, d.h. das Wertesystem in Misskredit gerät, das tausend Jahre lang den russischen Staat formte und festigte.

Ständige Entfesselung von Kriegen, mit der Ukraine, in Syrien, in Libyen, die Förderung regionaler Konflikte und die prinzipielle Weigerung sie zu lösen, Transnistrien[53], Karabach.

Unterstützung volksfeindlicher Diktatoren wie Janukovitsch[54], Maduro[55], Lukaschenko[56].

Die Hemmung durch die Sanktionen, die systematische äußerste Isolierung des ganzen Landes!

Das Aussterben Russlands, die demographische Katastrophe!

Totale Verlogenheit, Korruption und Amoralität der Macht, ungeheuerliche Unterdrückung des eigenen Volkes.

Krieg gegen die Bürger des eigenen Volkes!

Konfrontation mit der Welt um uns herum.

Das System zerstört sich selbst!

„Unsere Herzen dürsten nach Veränderungen!", singt in einem populären Lied Wiktor Zoj[57].

Oktober 2020

---

53 Pridnestrowische Moldauische Republik.

54 Viktor F. Janukowitsch (*1950), von 2010 bis 2014 Ministerpräsident der Ukraine.

55 Nikolás Maduro Moros (*1962), seit 2013 Staatspräsident von Venezuela, von zahlreichen westlichen Staaten nicht anerkannt.

56 Alexander G. Lukaschenko (*1954), seit 1994 Präsident von Belarus.

57 Viktor R. Zoj (1962-1990), in der UdSSR populärer Musiker und Schauspieler.

7. Chronik einer angekündigten Revolution

Der Protest nach den Nicht-Wahlen. Der 9. August 2020 wurde zu einem wichtigen Datum der jüngsten Vergangenheit von Belarus. An diesem Sonntag stieß der Versuch der Machthaber, wieder einmal von vornherein fertige und gefälschte Ergebnisse der Präsidentschaftswahlen zu verordnen, auf massenhaften Protest des Volkes.

Niemand hatte wohl erwartet, dass Hunderttausende von Belorussen mit weiß-rot-weißen Fahnen im ganzen Land und nicht nur in einer Stadt auf die Straße gehen würden, aber der Prozess kam ins Rollen und geht in den dritten Monat.

Im Zuge des Protestes wurden die Mythen der postsowjetischen Propaganda Stück für Stück zerstört. Das russische Fernsehen log traditionell und drohte, Revolution sei Blut und Gewalt. Heute sieht jeder, dass die Belorussen erstaunlich friedliche Menschen sind. Wir sind auch davon überzeugt, dass eine illegitime, autoritäre Macht zusammen mit ihrem Sicherheitsapparat immer zu Gewalt und Grausamkeit bereit ist. Plastikgefäße[58] erschrecken die Führer außerordentlich, aber die unüberwindliche Kraft der Bürger liegt nicht in den Waffen, ihre Kraft liegt in der Wahrheit! Weder das schreckliche Lager von Lukaschenko, das Gefängnis Okrestja, noch die Wasserwerfer, noch die Elektroschocker konnten die Massenaktionen mit den weiß-rot-weißen Fahnentüchern aufhalten. „Auf, lasst uns dieses Gefängnis zerstören, hier sollen solche Mauern nicht sein! Und sie stürzen ein, die schon lange baufälligen Mauern fallen", das ist das Lieblingslied unserer Nachbarn!

Über den „Dialog" im Gefängnis. Zwei Monate lang drohte das mit Russland „verbündete Regime" erfolglos und unterdrückte den Protest. Aber das vor den Fernsehkameras mit der Maschinenpistole posierende „Väterchen" begriff schließlich, dass es ihm nicht gelingen werde, den Widerstand der Bürger aufzuhalten. Und da beschloss er…

Wenn ich Lukaschenko „maximal" diskreditieren wollte, würde ich mir nichts ausdenken können, was die folgenden Äußerungen noch überträfe und

58 In Moskau warf ein Demonstrant vor einem halben Jahr einen Plastikbecher auf einen Polizisten. Der Mann wurde festgenommen und bestraft.

die belorussischen Medien täglich bekräftigen: der Straßenprotest ist das Werk von Nichtstuern, ehemaligen Kriminellen, Drogensüchtigen und selbstverständlich von ausländischen Agenten. Nachdem nun die Idee des „kriminellen Protestes" in die Köpfe der Zuschauer und Zuhörer „gehämmert" worden ist, übrigens nicht ohne die Hilfe von Propagandisten aus Moskau, beschloss der „Nicht-Gewählte", Verhandlungen im Gefängnis zu führen, wo die Führer des Bürgerprotests ihre Haft absitzen mussten, das heißt jene, die nach der Aussage der offiziellen Medien wegen Korruption und anderer grober Verstöße gegen die Gesetze der Republik einsitzen. Auf diese Weise gab Lukaschenko zu, dass die auf seinen Befehl verhafteten „Kriminellen" in Wirklichkeit anerkannte nationale Führerpersönlichkeiten sind. Es ist kein Wunder, dass vier Stunden Verhandlungen Lukaschenko nichts einbrachten. Sein Traum, die politischen Gefangenen davon zu überzeugen, Belarus zur Beendigung des Protestes aufzurufen, ging nicht in Erfüllung. Vielmehr war Belarus von neuem überzeugt, dass die Urteile und Einsichten des Diktators gar nichts wert waren und in jedem Moment in das Gegenteil übergehen konnten. Die Gefangenen des Tyrannen blieben im Gefängnis. So begann eine neue Runde gewaltsamer Unterdrückung.

Krieg gegen das eigene Volk. Im September warnte Lukaschenko seine Landsleute: „Passt gut auf, ringsherum sind Feinde, die Panzer der NATO stehen nur zwanzig Minuten von unserer Grenze entfernt!" Doch im Oktober erklärte sein Stellvertreter, der Innenminister, es gäbe keine polnisch-litauischen Panzer, aber das Innenministerium werde selbst auf das Volk schießen, Kriegswaffen und scharfe Munition gegen die Demonstrationen einsetzen. Die ständige Bedrohung der Protestierenden: „Sie beteiligen sich an unerlaubten Aktionen" (als ob es in autoritären Staaten erlaubte Aktionen der Opposition gäbe!) hatte nichts gebracht, die „Verhandlungen" im KGB-Gefängnis waren ergebnislos geblieben: daher erklärte die Staatsmacht die Bereitschaft, den kalten Bürgerkrieg mit dem eigenen Volk in die heiße Phase übergehen zu lassen.

Nach der ungeheuerlichen Äußerung des belorussischen Innenministeriums antwortete Moskau mit Grabesstille. Mir kamen viele Fragen, aber hier will ich nur eine stellen, vielleicht kann man sie mir beantworten. Der Kreml hat schon lange seinen Einfluss in Polen, in Tschechien, im ganzen ehemaligen „sozialistischen Lager" verloren, und jetzt auch in Sibirien, und daran schuld, so heißt es, ist der „amerikanische Imperialismus". Moskau hat seinen

Einfluss im Baltikum verloren, in der Ukraine, und das liegt natürlich an den „Intrigen der NATO". Jetzt verliert die Russische Föderation den Kaukasus. Und wie reagiert die belorussische Gesellschaft auf die Drohung mit einem Bürgerkrieg, den der Kreml unauffällig unterstützt hat? Der Kreml zwingt vor aller Augen auch noch das eine, jetzt bereits letzte brüderliche Volk dazu, sich gegen Moskau neu zu orientieren!

Was zeigt die belorussische Erfahrung noch? Unsere Nachbarn haben schnell gelernt, sich selbst zu organisieren. Jetzt ist jede Wohnung in Minsk zu einer autonomen Bürgervereinigung geworden. Die Menschen können sich hier vor der OMON-Verfolgung verbergen. Die Sender Belsat[59] und TV-Aktuell und andere unabhängige Programme liefern eine vollständige und objektive Information über das Geschehen. Das ist, ohne Übertreibung, ein wahres Wunder und ein gewaltiger Erfolg der bürgerlichen Gesellschaft! Der KGB verfolgt die freien Journalisten, in Minsk ist es sehr gefährlich, mit einer Fernsehkamera herumzulaufen, die Herrschenden haben mehrmals das Internet abgeschaltet, aber die KGB-Offiziere konnten den Informationsfluss nicht aufhalten und keinen neuen „eisernen Vorhang" in einer solidarischen Gesellschaft einführen, wo jeder bereit ist, dem anderen zu helfen. Man kann hinzufügen: es hat sich gezeigt, dass die Sicherheitsstrukturen brüchig sind, in ihnen gibt es „Bestien in Uniform", aber es gibt auch Menschen, die auf eigenes Risiko die Opposition über die Pläne der Machthaber informieren. Eine besondere Frage sind die Hilfsfonds für Streikende, die arbeitslos geworden sind, und für Milizionäre, die nicht mehr bereit sind, Gewalt auszuüben. Solche Fonds haben belorussische Geschäftsleute geschaffen, die wegen der Repressionen das Land verlassen haben. Ein weiteres Thema ist die uneigennützige Hilfe Polens und der Polen, Litauens und einfacher Litauer und die Solidarität der Ukrainer mit den Belorussen, die für ihre Freiheit kämpfen. Auf polnischen Universitäten studieren schon 500 belorussische Studenten, in Moskau kein einziger. Käufliche Demagogen in Moskau jammern über die „ausländische Einmischung". Es ist nicht zu glauben!

Wie es in Belarus weitergeht. Das Volk denkt nicht daran nachzugeben. Am 26. Oktober ist als nächster Schritt ein Generalstreik geplant. Ärzte und

59 Belsat ist ein polnischer Fernsehsender für belorussische Zuschauer.

Lehrer werden die Möglichkeit haben, ihre Meinung zum Ausdruck zu bringen, ohne ihre Arbeitsplätze zu verlassen. Und die Arbeiter, vor allem jene in großen Betrieben, werden sich laut Gehör verschaffen. Ob es Belarus gelingt, den Diktator aus dem Sessel zu reißen, an den er sich mit Zähnen und Klauen klammert, werden wir bald sehen. Ich bin davon überzeugt, dass es gelingen wird!

Ich bin ebenso davon überzeugt, dass unsere Gesellschaft von den russischen Machthabern fordern muss, sich nicht in die Angelegenheiten von Belarus einzumischen. Ich rechne mit Äußerungen von A. Nawalny und wünsche ihm, schnell gesund zu werden, von E. Schukow[60], G. Jawlinski[61], M. Kasjanow[62], L. Ponomarew[63] und anderen Aktivisten. Unsere Losung lautet: Solidarität mit der belorussischen Revolution! Das größte Glück im Leben ist es, teilnehmen und siegen zu können in der friedlichen Revolution der Freiheit! Am 25. Oktober gehe ich wieder zur belorussischen Botschaft.

Ich komme zum Schluss. In Russland und im Ausland streitet man nicht selten darüber, ob die Sanktionen gegen den Kreml wirksam sind oder nicht. Meiner Ansicht nach ist die Antwort eindeutig, der Erfolg der Sanktionen liegt auf der Hand. Das Ausmaß der schwächer werdenden russischen Macht zeigt sich darin, dass die Einmischung in den armenisch-aserbaidschanischen Krieg, die Einmischung in Belarus wenig wahrscheinlich ist, die Ressourcen sind erschöpft und werden unnütz verschwendet.

Und ein Letztes. In seinem Roman „Chronik eines angekündigten Todes" erzählt Gabriel Marquez[64] vom Schicksal eines Menschen, dessen Ende im Voraus entschieden und allen vorher bekannt war. Das Ergebnis des Protestes im Nachbarland - der politische Tod des belorussischen Diktators – wird ebenfalls von allen vorausgeahnt, vorausgesagt und genau so geschehen. Und

60 Jegor S. Schukow (*1998), Journalist und Regierungskritiker, arbeitet beim Sender Echo Moskwy.

61 Grigori A. Jawlinski (*1952), liberaler Politiker, gründete die Partei Jabloko.

62 Michail. M. Kassjanow (*1957), war von 2000 bis 2004 Ministerpräsident Russlands, Kritiker Putins.

63 Lew A. Ponomarjow (*1941) ist Politiker und Menschenrechtsaktivist.

64 Gabriel Garcia Marquez (1927-2014), kolumbianischer Schriftsteller und Nobelpreisträger. Der hier genannte Roman „Chronik eines angekündigten Todes" ist 1981 erschienen, im selben Jahr auch in deutscher Übersetzung.

dann wird die Nobelpreisträgerin Swetlana Alexiewitsch[65] vielleicht ein neues Buch schreiben unter dem Titel „Chronik einer angekündigten Revolution“. Der Kampf des Volkes für die Freiheit kann nur mit einem Sieg enden. Belarus wird wohl bald siegen! Und dann Russland!

Oktober 2020

65 Swetlana A. Alexijewitsch (*31. Mai 1948) ist eine belorussische Schriftstellerin und Nobelpreisträgerin.

8. Wider die Mythologisierung des Sieges

Wie das Problem entstanden ist und worin es besteht. Die demokratische Revolution des Jahres 1991 zerstörte den jahrzehntelang gehüteten Mythos vom „unvermeidlichen Sieg des Kommunismus". Aber die demokratische Revolution blieb unvollendet, sie konnte den Parteiapparat nicht von der Macht vertreiben, jene Klasse, für die diese Staatsideologie lebensnotwendig war. In der jüngsten Geschichte Russlands ist ein fundamentales Dilemma entstanden: entweder muss man eine Lustration[66] durchführen und sich von der parasitären Nomenklatura befreien oder die Nomenklatura erfindet eine neue totalitäre Ideologie und führt sie ein.

Wer die kommunistische Ideologie brauchte und wofür. Die offizielle Ideologie war eine universale Zensur. Ihre Aufgabe war es, die Verbreitung nur solcher Informationen zu garantieren, die behaupten, dass „wir die fortschrittlichste Gesellschaft aufbauen". Die Übernahme dieser Lüge - Andersdenkende schickte man ins Gefängnis oder in psychiatrische Anstalten - bedeutete die Anerkennung der Führer der „Erbauung des Kommunismus" als hervorragendste Staatsmänner der Erde, gleichsam als neue Heilige. Die „kommunistische Ideologisierung" Russlands löste die wichtigste Aufgabe im Sinne der Bolschewiki: sie beseitigte die Frage demokratischer Wahlen, freier Diskussion und der Rechte der Oppositionellen. Das System und seine Führer wurden „ewig Lebende". Und diejenigen, die Veränderungen forderten, galten von Anfang an als Feinde des Volkes und des Fortschritts.

Die Frage nach Einführung und Sicherung der Staatsideologie oder, wie es damals hieß, „der Kampf für die Reinheit der marxistisch-leninistischen Lehre" gehörte immer zu den Hauptaufgaben der Macht. Ich möchte darauf hinweisen, dass der Terminus „marxistische Ideologie" für Marx schlicht und einfach ein Widerspruch in sich war. Er hat ihn nicht nur niemals gebraucht, er sah auch nicht die Möglichkeit seines Aufkommens, denn Ideologie ist nach Marx eine **Verzerrung des Bildes der Realität**.

---

66 Dieser Begriff bezeichnet die Entfernung politisch belasteter Mitarbeiter aus dem öffentlichen Dienst.

Die Post-UdSSR und der Versuch einer Reinkarnation der Staatsideologie. Die sogenannte UdSSR war durchaus nicht „im Sinne von Marx" organisiert worden. Daher entstand nach Lenins Tod der Leninismus, und später erfand Kaganovitsch[67] den Begriff „Stalinismus". Als danach aber Chruschtschow diesen Ausdruck für überaus schrecklich erklärte, sprach man nicht mehr von „Stalinismus" oder brauchte ihn nur in rein negativem Sinn.

Ich wiederhole: die „unerschütterliche UdSSR" brach zusammen. Aber die Nomenklatura klammerte sich mit Zähnen und Klauen an die Sessel der Macht, in weiten Teilen der ehemaligen „Union" und natürlich in Russland bleibt sie weiterhin aktiv. Das heißt, das Problem der Verewigung der Macht, also das Problem der Suche einer neuen Staatsideologie und der Befreiung von der „unerträglichen Last freier Wahlen" bleibt für sie höchst aktuell.

Wie man eine Ideologie suchte und warum man keine fand. Wir wollen das klären. Die offizielle Propaganda hat eine Reihe von Versuchen unternommen, eine neue Ideologie zu schaffen. Man schlug uns vor, das in Aserbaidschan und für Aserbaidschan ausgedachte Konzept eines „nationalen Leaders" zu akzeptieren, d.h. eines Führers, dessen Macht nicht aus Wahlen hervorgeht und nicht von deren Ergebnissen abhängt. Aber dieser Begriff war nicht annehmbar. Den Misserfolg begriff auch der Vorsitzende der Staatsduma Wolodin[68], der erklärt hatte: „Putin ist Russland, ohne Putin kein Russland". Vor zwei Jahren erheiterte W. Surkow[69] die Leser mit dem Konzept „Putinismus", aber er kam noch schlechter an als Lasar M. Kaganowitsch.

Es gibt doch eine organische, nicht totalitäre Ideologie, nämlich das objektive System von Werten und Normen, das nicht auf höheren Befehl ausgedacht wird, sondern aus dem gesamten Gewebe unserer Geschichte und Kultur hervorgeht. (Hat doch auch Newton, Gott sei Dank, das Gravitationsgesetz **nicht erfunden, sondern entdeckt!**) Was also ist es, das uns wie eine „Klammer" verbindet? Die Antwort auf diese Frage ist längst geklärt und durch unabhängige

67 Lasar M. Kaganowitsch (1893-1991) war enger Vertrauter Stalins und Mitvollstrecker seiner Verbrechen.

68 Wjatscheslaw W. Wolodin (*1964), Politiker der Partei Einiges Russland und Dumaabgeordneter.

69 Wladislaw Ju. Surkow (*1964), Geschäftsmann und Putin nahestehender Politiker.

russische Sozialforscher dargestellt worden. Aber diese Antwort ist von der Nomenklatura nicht gewünscht! Denn die Regierungsmacht hält weder das Volk, noch die unabhängige Wissenschaft, noch die Intelligenz für das Subjekt des gesellschaftlichen Lebens und tritt niemals mit diesen in einen Dialog ein! Das Regime sucht nicht die verbindende Klammer für Russland, es sucht nur das Mittel, sich selbst zu erhalten.

Die Staatsideologie und der Sieg im Zweiten Weltkrieg. Die ständige „künstliche Beatmung" der offiziellen Propaganda bei dem Wort „Krieg" hat nichts zu tun mit der realen Erfahrung der Tragödie der kriegerischen Vergangenheit und der „tränenreichen" Siegesfeier. Die Machthaber interessiert es nicht, dass Millionen von Opfern nicht beerdigt sind, niemand den Veteranen die versprochenen Wohnungen gegeben hat. Aber das ist im Grunde ein künstliches Thema, da nur wenige wirkliche Veteranen übrig geblieben sind. Man redet auch nicht über das Versprechen Putins, die Kriegsarchive zu öffnen. Das Siegervolk darf die Wahrheit über seinen Sieg nicht wissen.

Die Machthaber lösen in ihren Überlegungen über den Krieg eine ganz andere Aufgabe. Sie versuchen, aus der tragischen Geschichte des Vaterländischen Krieges eine Basis für die Entwicklung einer neuen Staatsideologie zu machen. Vor einigen Tagen brachte die Vize-Sprecherin, I. Jarowaja[70], einen Gesetzentwurf in die Staatsduma ein über die Stärkung der Verantwortlichkeit angesichts der Rechtfertigung des Nazismus und die Verbreitung wissentlich falscher Nachrichten über die Aktivität der UdSSR während des Zweiten Weltkrieges. Die russische Regierung hat das Projekt bereits unterstützt.

Schauen wir uns das Projekt Punkt für Punkt an: es ist so, als würde man sich künstlich Zahnschmerzen zufügen. Man möchte mit Schaum vor dem Mund Evidentes beweisen: eine Rechtfertigung des Nazismus ist gar nicht möglich, denn bei uns gibt es keine Nazisten, niemand braucht sie. Aber der Aufwand an Zahlen und Anspielungen, den das Projekt enthält, ist in Wirklichkeit auf die Lösung anderer Aufgaben gerichtet.

70 Irina Jarowaja, Juristin und Mitglied der Duma, seit 2007 in der Partei Einiges Russland, u.a. Initiatorin des Anti-Terror-Gesetzes..

A. Es gibt ein offizielles Bild des Zweiten Weltkrieges, und darüber zu streiten, ist verboten, behauptet Jarowaja.

Ich antworte darauf kurz. Erstens gibt es kein offizielles Bild des Vaterländischen Krieges. Viele Fragen blieben bis heute ohne Antwort. Zweitens bedeutet ein Diskussionsverbot die Zerstörung des freien menschlichen Denkens. Wissenschaft ohne Diskussionen ist unmöglich. Wir haben es mit einem neuen Versuch zu tun, den Stempel „käufliche Dirne des amerikanischen Imperialismus“ aufzudrücken, dieses Mal aber nicht auf Kybernetik und Genetik, wie es der Reaktionär Stalin tat, sondern auf das gesamte alternative Denken, drittens auf die Freiheit des Wortes, auf die Freiheit der Wissenschaft, auf das Verbot der Staatsideologie; es handelt sich um den Versuch der Staatsduma, die verfassungsmäßigen Grundrechte zu beseitigen.

B. Das Projekt von Jarowaja hängt mit dem Vorschlag zusammen, den Vergleich Hitlers mit Stalin zu verbieten.

Meine Antwort: Erstens ist das Denkverbot die Wiederholung des mittelalterlichen Dunkelmännertums[71]. Ich kann mir kaum irgendeinen Menschen vorstellen, der sich selbst freiwillig und bewusst verbietet, über dieses und jenes nachzudenken. Zweitens ist das Verbot, zwei Diktatoren zu vergleichen, ein Beweis für die Unhaltbarkeit der offiziellen Doktrin. Es zeigt, dass das offizielle Bild des Zweiten Weltkrieges mit der historischen Wahrheit unvereinbar ist.

---

71 Dunkelmännertum bedeutet eine aufklärungsfeindliche, rückwärtsgewandte Einstellung.

C. Das Projekt Jarowajas appelliert an die Entscheidungen des Nürnberger Tribunals[72] und bezieht sich auf sie, als seien sie unbestritten und unerschütterlich.

Dazu zwei Präzisierungen. Die Dokumente von Nürnberg sind bei uns bis heute nicht in vollem Umfang veröffentlicht worden. Und man kann sich denken, warum das so ist. Die Bedeutung der Entscheidungen des Gerichts wird in gewisser Weise durch den Umstand entwertet, dass vor Beginn des Prozesses die sowjetischen Vertreter mit den amerikanischen Kollegen heimlich vereinbarten, welche Themen nicht in die Untersuchung einbezogen werden sollten. Und die Amerikaner haben Wort gehalten.

Ich beende die Untersuchung des Themas Zweiter Weltkrieg und Ideologie. Hier nur noch einige Erklärungen. Viele Kollegen stellen die erstaunte Frage: Verwandeln die Machthaber ihre Konzeption des zweiten Weltkrieges in eine sakral-ideologische, und was dann? Welche Bedeutung hat das für die Gegenwart?

Auf eine solche Bemerkung lässt sich nicht so einfach antworten. Offenbar glauben die Machthaber irgendwie, dass sie mit der Kanonisierung des Sieges folgerichtig schließen: Wir haben gesiegt, das heißt, auch heute besitzen wir, die Nachfolger des Sowjetstaates, einen besonderen Status und Privilegien. Und dann gibt es eine noch merkwürdigere Schlussfolgerung: dadurch besitzt der jetzige Staatsführer einen besonderen Status.

Mit solchen Ideologemen wird weder unser Land, noch werden unsere nahen und fernen Nachbarn einverstanden sein, die den Kreml zu schmachvollen Sanktionen verurteilt haben.

72 Gemeint sind die Nürnberger Kriegsverbrecherprozesse nach dem Zweiten Weltkrieg.

Aber der traurigste Aspekt der vorliegenden Überlegungen besteht darin, dass die Staatsmacht selbst nur sich selbst hört, obwohl für viele das Gesagte fast evident ist. Sie ist zu einem ehrlichen und freien Dialog nicht fähig. Das heißt, die unvermeidliche Entwirrung dieses Knotens kann sich als sehr dramatisch herausstellen.

November 2020

9. Nomenklatura und Ideologie

Die Täuschung Russlands beenden

Über einen eigentümlichen Begriff. Der Begriff „kommunistische Ideologie" war der meist gebrauchte Terminus der sowjetischen Propaganda. Aber niemand hat seine Bedeutung jemals erklärt. Es gibt viele Texte von Apologeten der verschwundenen UdSSR. Artikel von Lenin und Stalin kann man auch heute heranziehen und lesen, aber Bücher mit dem Titel „Kommunistische Ideologie" hat es in der UdSSR niemals gegeben. Unverständliche Erklärungen in Enzyklopädien haben daran nichts geändert.

Ich möchte bemerken, dass es Begriffe gibt, die bestimmte Phänomene in Natur und Gesellschaft betreffen, die aber nur wenige verständlich erklären können. Versuchen Sie einmal, die Begriffe „Zeit" oder „Liebe" zu definieren. Die kommunistische Ideologie ist ein besonderer Fall. Sie wurde von Menschen geschaffen zu dem Zweck, große Gruppen zu verwirren und zu kontrollieren. Ihre Urheber haben niemals das Geheimnis dieses Begriffs gelüftet. Ich erinnere mich, in den achtziger Jahren in Moskau mit Wissenschaftlern aus Frankreich bekannt gemacht worden zu sein, die mich baten, dieses Rätsel zu lösen, doch ich konnte ihnen damals in keiner Weise helfen.

Wann und wofür die „Komideologie" geschaffen wurde. Die Antwort der russischen Wissenschaft der Dissidenten blieb bis heute ungehört. Ich beginne mit der Klärung und Beurteilung des Untersuchungsgebietes. Ich stelle fest, dass die Komideologie nichts mit der Ideologie zu tun hat, wie sie der deutsche Philosoph Karl Mannheim[73] erforscht und beschrieben hat. Nicht selten erscheinen die Termini „kommunistische Ideologie" und „kommunistische Idee" als Synonyme. Aber dieser Ansatz ist falsch, und tatsächlich schließen sich die beiden Konzepte gegenseitig aus. Bisweilen heißt es, dass die Komideologie gleichsam das Mittel zur praktischen Realisierung der kommunistischen Idee sei, aber auch das entspricht nicht der Wirklichkeit.

---

73 Karl Mannheim (1893-1947), Soziologe, Schüler Max Webers. Schöpfer der Soziologie des Wissens.

Vor 100 Jahren eroberten die Bolschewiki Russland und beherrschten es 70 Jahre lang. Wie ist das geschehen? Wenn man es ganz kurz sagen will, ist die Antwort einfach: das Volk wurde gezwungen zu glauben, dass es das fortschrittlichste Gesellschaftssystem, den Kommunismus, aufbaue.

Diese Behauptung hat mit der Wirklichkeit nichts zu tun; Kommunismus ist soziale Gerechtigkeit, d.h. ein System ohne Ausbeutung des Menschen durch den Menschen und nach dem Prinzip „jedem nach seiner Arbeit und seinen Bedürfnissen". Tatsächlich hat der Partei- und Staatsapparat, die Nomenklatura[74], das Nationaleinkommen zu seinen Gunsten umgelenkt, die Ausbeutung geschah in einem Maße, wie es der Westen nicht kannte.

Kehren wir zurück zur Hauptfrage nach der **Ideologie**. Zur Aufrechterhaltung des Mythos vom Aufbau des Kommunismus führten die Parteifunktionäre eine allumfassende, universale Zensur ein: ohne vorhergehende Erlaubnis konnte kein Zeitungstext veröffentlicht werden, kein Brief aus dem Ausland zum Adressaten gelangen, kein Lied im Radio übertragen werden. Die Machthaber bemühten sich, Telefongespräche, ja Gespräche überhaupt abzuhören. **Die totale Kontrolle über alle in der Gesellschaft zirkulierenden Nachrichten war der wichtigste Bestandteil der Komideologie**.

Wozu war diese Kontrolle notwendig? Meine Antwort: nur solche Nachrichten waren erlaubt, die die Parole „Wir erbauen den Kommunismus" bekräftigten oder ihr nicht widersprachen. Die Zensur schuf eine „zweite Realität", im ideologischen Zerrspiegel erschien das Leben wie ein Paradies, doch in Wahrheit war es für viele die Hölle.

Wenn das Land eine „strahlende Zukunft" erbaut, heißt das, dass die Führer des Aufbaus die fortschrittlichsten Menschen der Erde sind! Und das bedeutet: die Kritiker eines solchen Systems und ihrer Führer sind die direkten Feinde des Volkes und des Fortschritts!

Wir fassen zusammen. **Die Staatsideologie ist das bolschewistische Instrument zur Legitimierung der ungesetzlichen Macht der Nomenklatura**. Die Komideologie ist sowohl das Instrument zur Fälschung der Realität als auch das gefälschte Bild der Realität. Sie sanktionierte den Mythos vom Kommunismus, der jeden Widerspruch ausschloss. Im Unterschied zu mensch-

74 S.o. Anmerkung 22.

licher Religion, die im Glauben gründet, basierte die Ideologie auf bewusster, unmenschlicher Lüge. Ihre Einführung schloss freie Diskussion und ein Mehrparteiensystem aus. Die Wahlen zu den Organen der Macht bekamen besondere Bedeutung. Sie zielten nicht auf eine bessere politische Alternative, sondern demonstrierten die einhellige Unterstützung der „einzigen wahren Lehre".

Die Jugend fragt: „Gab es denn Unzufriedene und Andersdenkende?" Ja, die gab es. Mit ihnen ging die Komideologie anders um. Wenn jemand die ihm eingetrichterte „wahre Lehre" nicht annahm, wenn er sogar seinen Unwillen ausdrückte, ging die Staatsmacht von der Kontrolle der Texte zur Kontrolle des Abweichlers selbst über. Die Opponenten vernichtete man, schickte sie in den GULAG, ins Gefängnis, in psychiatrische Anstalten.

Die Erbauung des „Kommunismus" in der sogenannten UdSSR dauerte ziemlich lang, Millionen Menschen gingen zugrunde und litten. Und als man nicht mehr wusste wohin, als Andropow[75] fast alle Dissidenten verfolgte, geriet das Regime ins Wanken und brach zusammen.

Wie die Komideologie unterging. Zu Beginn der 80er Jahre ergänzte eine totale Ideologisierung der Medien die totale Verfolgung der Andersdenkenden. Die Propaganda drängte der Gesellschaft ein völlig pathologisches Bild auf: uns allen erlaubte man nur „ehrenhaft zu tragen", „sich enger zusammenzuschließen", „die Verteidigung zu stärken" und „Volk und Partei zu vereinen".

Aber das russische Volk fand ein Mittel, auf die endlose geistige Gewalt adäquat zu reagieren. Doppeldenken und Sprengung der ideologischen Daumenschrauben ließ die kleine Gruppe von Dissidenten, die für die Wahrheit kämpften, durchhalten. Von unschätzbarem Wert war die Stimme der „feindlichen Radiosender". Eine besondere Rolle bei der Rettung vor dem ideologischen Unsinn spielte der nicht abreißende Strom antisowjetischer Witze aus dem Volk.

Die „Revolution der Witze" zwang auch den 1985 an die Macht gekommenen M. Gorbatschow, die Ideologie zu mildern und teilweise abzubauen. Offiziell nannte man das die „Politik der Perestroika und Glasnost". Auf die Frage „Warum gibt es keine Seife mehr?" antwortete das anekdotische Radio Jerewan: „Die Partei hat begonnen, sich zu waschen!" Indem er die Komideologie reformierte, schuf Gorbatschow ein neues Wahlsystem, befreite die politischen

75 Juri W. Andropow (1914-1984), Generalsekretär der KPdSU von 1982-1984.

Gefangenen und hob die Forderung nach einem Mehrparteiensystem nicht auf. Die Intelligenzija[76], die in dem geknechteten Land die Rolle einer spezifischen, inoffiziellen alternativen Macht spielte, begann, immer lauter auf ihre Sicht der Situation hinzuweisen. Es traten „Führer der Perestroika" auf.

Der Niedergang der faulenden Ideologie war auch mit Gewalt nicht mehr aufzuhalten. Aber ihr Verfall führte zum Verfall der sogenannten UdSSR selbst. Eine vergleichbare Situation ereignete sich in der russischen Geschichte, die mit der sowjetischen absolut unvergleichlich ist, ein einziges Mal. Vor 420 Jahren führte der Zusammenbruch des Absolutismus von Iwan dem Schrecklichen, den Russland nicht akzeptierte, zur Zeit der Wirren.

Der Fortsetzer der Politik der Entideologisierung, die in das Stadium der Beendigung des Kommunismus übergegangen war, wurde Präsident B. Jelzin. Aber er erwies sich als schwacher und inkonsequenter Politiker. Rings herum, in Polen, in Tschechien, in Litauen, in Estland vollzogen sich erfolgreiche demokratische und ökonomische Reformen, aber Jelzin vermochte es nicht, effektive ökonomische Veränderungen durchzuführen. Mehr noch, die gröbsten Regierungsfehler verschlimmerten die soziale Lage der Bürger und minderten das Prestige der Demokratie.

Die Demokratisierung der Wahlen ging mit dem Zusammenbruch der Ideologie einher, aber sie drang nicht bis in die Tiefe. Nachdem die Regierung die Bildung eines Rates beim Präsidenten begonnen hatte, der bekannte Schriftsteller unseres Landes, bürgerliche Aktivisten und ehemalige Dissidenten vereinigte, verlor Jelzin ziemlich schnell den Kontakt zu ihnen. Wohl noch im Jahre 1992 beschloss er unter dem Druck seiner Umgebung, das alte politische System nicht zu demontieren, sondern zu reformieren, ohne darüber zu informieren und ohne eine kritische Prüfung dieser Möglichkeit. Der KGB wurde umbenannt aber nicht aufgelöst. Die Ideologie verschwand, aber ihr Urheber und Nutznießer, die Nomenklatura, die ihre Stellung nicht verlor, tarnte sich, schwieg und wartete auf ihre Stunde. Einige Monate vor dem freiwilligen Rücktritt des Präsidenten nahm unser Land Abschied von dem Akademiemitglied

---

76 Der Begriff Intelligenzija bezeichnet seit dem 19. Jahrhundert in Russland eine Schicht intellektuell geprägter, geistig und moralisch anspruchsvoller Menschen unterschiedlicher Schichten und Berufsgruppen.

Lichatschow[77]. Die gleichförmigen Nachrufe der Zeitungen schrieben, „unsere letzte russische moralische Instanz ist gestorben".

Die Widersprüchlichkeit Jelzins möchte ich nochmals betonen. Er versuchte zwar nicht, die Zensur wieder einzuführen, aber die „Freiheit des Wortes" erwies sich schnell als „Freiheit vom Wort". Man konnte zwar alles schreiben, aber die Medien wurden nicht zur vierten Gewalt, und der Kreml reagierte gar nicht auf die Kritik.

Jelzin versäumte das Wichtigste. Eine öffentliche Einsicht, wohin die Einführung der Komideologie geführt hatte, gab es weder damals, noch gibt es sie heute. Niemand erklärte und bewies, dass der Weg im Sinne der lügenhaften ideologischen Idee das riesige Land in den Zusammenbruch geführt hat. Das Fernsehen berichtete nicht, dass die Einführung der Staatsmythen die Hauptursache unserer gewaltigen menschlichen Verluste, unserer unwahrscheinlichen materiellen Entbehrungen, des Verlustes unserer Verbündeten, unserer Freunde, unserer internationalen Autorität gewesen ist. Die total hypertrophierte Zensur führte zu diesem schrecklichen menschlichen und zivilisatorischen Rückschritt. Wie Solschenizyn schrieb, hat Russland das 20. Jahrhundert verspielt.

Der Putinismus als Wiederkehr der Staatsideologie. Das Aufkommen der Gruppe um Putin bedeutete, dass die schwankende Tendenz unseres Landes hin zur Demokratie gebremst wurde. Es begann eine Stärkung der durch Jelzin erschütterten Grundlagen des russischen Staatswesens mit sehr umstrittenen Mitteln.

Die Vorbereitung der Basis für eine neue Ideologie löste den gemäßigten Pluralismus ab. **Fundament und Voraussetzung dafür wurde die geistige Verarmung des gesellschaftlichen Lebens.** Die Intelligenzija, ewiger Opponent des Kremls, verschwand von den Bildschirmen. Die Begriffe „Akademie der Wissenschaften", „Akademiker", „Professor" wurden immer weniger genannt. Träger dieser Titel waren nun diskreditiert, insbesondere dadurch, dass die akademischen Diplome auf dem Schwarzmarkt offen zum Kauf angeboten wurden. Im Fernsehen und Radio verschwanden analytische Programme. Die einheitlichen staatlichen Examina senkten ihr Bildungsniveau ins Bodenlose.

77 Dmitri S. Lichatschow (1906-1999), Philologe und Slawist, Mitglied der sowjetischen und russischen Akademie der Wissenschaften, eine in Russland hoch angesehene Persönlichkeit.

Showmänner, Polittechnologen und besonders käufliche, dem System ergebene Fernsehmanager ersetzten die Intelligenzija im Fernsehen. Auf die Liste der VIP wurden nicht herausragende Persönlichkeiten gesetzt, und man vermischte Dopingfälle mit anderen Skandalen. Der Dialog zwischen Staatsmacht und Gesellschaft war ausgeschlossen. Bürgerliche Vereinigungen gerieten in die Bedeutungslosigkeit, in einem autoritären System sind sie nicht Subjekte, sondern Objekte der politischen Einwirkung. Auf den Bildschirmen sah man nun Schulterklappen und Biesen...

Die für den Kreml notwendige Einigung des Volkes führte zu seiner Spaltung. Die Propaganda schuf Feinde. Im Land sind das die „Extremisten" und „ausländischen Agenten". Ideenlose Menschen versuchten, den Menschen mit Ideen den Stempel „liberal" aufzudrücken. Seit mehr als hundert Jahren bedrohen uns angeblich irgendwelche Intrigen aus dem Ausland. In den letzten Jahrzehnten sind das angeblich Aktionen von sogenannten amerikanischen und europäischen Schwulen.

Nachdem sie das Fundament der neuen Ideologie gelegt hatten, machten sich die Machthaber an die Errichtung des Gebäudes. Kern der Neukonstruktion ist die These: „Das wichtigste Ereignis des 20. Jahrhunderts ist nicht mehr der große Oktober, sondern der große Sieg." Die Sakralisierung des Kriegsthemas geschieht, abweichend von der Verfassung, durch das Verbot freier Diskussion, das Verbot, den Zweiten Weltkrieg anders als im Sinne der offiziellen Sicht zu behandeln, das Verbot, Hitler und Stalin zu vergleichen, das Verbot, den Namen Wlassow[78] zu erwähnen und durch die erzwungene Umschreibung der Geschichte. Präsident Putin hat dem Bündnis unabhängiger Staaten schon seine Meinung mitgeteilt, und der neue Präsident Kasachstans hat in orientalisch schmeichlerischer Art seinen Artikel zum 75. Jahrestag des Sieges gelobt. Aber man muss ehrlich sagen, dass kein europäisches Land, kein unabhängiger Historiker die vom Kreml initiierte Mythologie akzeptiert und sie auch nicht akzeptieren wird.

78 Andrej A. Wlassow baute während des Zweiten Weltkriegs die antisowjetische Russische Befreiungsarmee (Wlassow-Armee) auf, 1946 in Moskau hingerichtet.

Unterdessen haben viele Kritiker mich schon gefragt: „Worüber schreiben Sie denn? Was haben der Sieg im Zweiten Weltkrieg und der heutige Tag miteinander zu tun? Was sollen wir davon halten?"

Auf diese Frage antwortet nicht der Autor, sondern der Kreml: „Unsere Väter haben die Welt vom Faschismus befreit, wir sind die Erben des Sieges. Das bedeutet, wir haben keine andere Ideologie für Euch, auch unser Staatswesen und seine Führer sind besondere Leute, mit Privilegien vor der übrigen Welt. Und lasst euch in Europa nicht einfallen, die Denkmäler zu stürzen. Wir werden eine ‚Rechtfertigung des Nazismus' weder hier noch dort dulden. Dazu sind die Gesetze von Jarowaja[79] und Klischas[80] da."

„Verzeihung", meldet sich da ein Kritiker: „Wo haben Sie denn in Russland Rechtfertiger des Nazismus gesehen"?

Der Kreml sagt: „Wenn nötig, können wir den gestrigen Tag leicht heute wiederholen. Dann werden im Land hunderttausend Leute wie Trotzki[81] und Sinowjew[82] sein, die wir vernichten können. Haben Sie denn noch nicht gemerkt, dass die Russische Föderation im siebenten Jahr mittels des ‚Neuen Russland' (Novorossija) mit den Bandero-Faschisten kämpft, (obwohl es, unter uns gesagt, keine Faschisten in der Ukraine gibt). Unser unverbrüchlicher Freund Lukaschenko hat sogar die Flagge, unter der er den Eid geschworen hat, faschistisch genannt. Wenn es die Partei befiehlt, werden die ‚Rechtfertiger' schon gestehen." - Schwanetzki[83] hat richtig bemerkt: „Ein kluger Mann wird sich bei uns nicht niederlassen, ein Teil wird weggehen, ein Teil aussterben, ein Teil emigrieren, für die ‚Feinde des Volkes' wird sich keiner einsetzen."

Indem ich die „Erinnerungen an die Zukunft" abschließe, ziehe ich (und nicht der Kreml und nicht ein Opponent) die wichtigsten Schlussfolgerungen. Der Mythos vom Kommunismus hielt sich 70 Jahre lang. Der Mythos vom großen Sieg ist gestern in Karabach, im Kaukasus gestorben. Schon lange sind weder die UdSSR noch das russische Volk „Sieger". Heute gibt es kein Bündnis

79 S.o. Anmerkung 43.

80 Andrej A. Klischas (*1972), russischer Politiker.

81 S.o. Anmerkung 9.

82 Grigori J. Sinowjew (1883-1936), sowjetischer Politiker, ursprünglich aktiver Mitstreiter Stalins, fiel er selbst den Säuberungen der dreißiger Jahre zum Opfer.

83 Michail M. Schwanetzki (*1934 - 2020), Schriftsteller und Satiriker.

unabhängiger Staaten. Die Nachbarn der Russischen Föderation sind Einflusszonen der EU, der Türkei und Chinas. Und die Proteste in Chabarowsk sind ein „dauernder Alarm". Der weitere Versuch, eine neue Ideologie zu erfinden und einzuführen, könnte sogar bis zum endgültigen Zerfall und zur Vernichtung Russlands führen! Eine verlorene Schlacht führt zum Verlust von Territorium, der Zerfall einer verbindlichen Ideologie führt das Land in den Untergang.

Wie das Problem zu lösen ist. Nur eine freie, offene, nicht durch eine Staatsideologie gefesselte Gesellschaft kann voranschreiten. Wir brauchen ein organisches System von Normen und Werten, die unsere Geschichte hervorgebracht hat, aber wir brauchen keine Lüge der Nomenklatura. Die Wiederherstellung der russischen Identität beginnt mit der Wiederherstellung der Geschichtswissenschaft. Es ist notwendig, unverzüglich die Zensur zu beseitigen, den „archivierten GULAG" zu öffnen, die „blinden Flecken" unserer Vergangenheit zu klären. Aber die Aufgabe liegt weniger darin, eine Chronologie der Ereignisse zu liefern, als ihre Gesetzmäßigkeiten und Tendenzen zu begreifen, was das Wichtigste ist, und ihre Bedeutung aufzuzeigen. Diese Arbeit wurde bereits durch unsere Wissenschaft des Dissidententums geleistet. Wir müssen uns vom Sowjetismus reinigen, die Erfahrung westlicher Demokratien annehmen und uns wieder mit einem reformierten und aktualisierten russischen Wertsystem verbinden.

November 2020

10. Ein beziehungsreiches Wort Tolstojs

„Die ununterbrochene, deutliche, jeder Evidenz widersprechende Schmeichelei der Menschen um ihn herum ging so weit, dass er seine Widersprüche nicht mehr sah, sein Handeln mit der Wirklichkeit, mit der Logik, ja selbst mit dem gesunden Menschenverstand nicht mehr in Einklang bringen konnte, dass alle seine Anordnungen, so unsinnig, ungerecht und in sich widersprüchlich sie waren, allein dadurch sinnvoll, gerecht und in sich stimmig wurden, dass er sie gab."

Diese Worte stammen nicht von mir, sondern Wort für Wort von Leo N. Tolstoj aus seiner Erzählung Hadschi-Murat[84]. Aber was soll denn hier Hadschi-Murat? werde ich gefragt.

Ein Exkurs. Tolstoj war nicht nur mit Stolypin nicht einverstanden, auch Nikolaus I. mochte er nicht. Aber zu Unrecht! Wer hat denn die Bahnlinie Petersburg-Moskau gebaut? (Das Ministerium wollte Nekrassow[85] wegen seiner lügenhaften Zeilen – „neben den Bahngleisen liegen russische Knochen" - vor Gericht stellen.) - Wer führte Russlands Inlandsprodukt auf den zweiten Platz in der Welt? Ja, es hat auch nach anderthalb Jahrhunderten im Krimkrieg die erste Niederlage gegeben. Aber als er von der Kapitulation der Stadt Eupatoria erfuhr, nahm der Kaiser die Verantwortung auf sich und befahl seinem Leibarzt, ihm heimlich Gift zu bringen. Seinem Sohn erklärte er, der russische Kaiser könne nicht auf dem Thron bleiben, wenn er in den Verhandlungen unterliege. Er sagte: „Du kannst alles neu beginnen." Die Fehler wurden eingestanden und beseitigt. Die Regierungszeit Alexanders II. wurde die Epoche der großen Reformen.

Zurück in die Gegenwart und schauen wir in die Zukunft. Liest man die oben zitierten Zeilen Tostojs aus seinem Roman Hadschi-Murat, so fragt man sich verwundert, ob er über die heutige oder über die damalige Zeit schreibt. Im Fernsehen zeigt man regelmäßig Begegnungen der Gouverneure und Minister mit dem Präsidenten. Der häufigste Satz, in Variationen, lautet: „Großen Dank, Wladimir Wladimirowitsch", „Dank für Ihre Erlasse, Wladimir

84 Eine posthum veröffentlichte Erzählung Tolstojs.

85 Nikolaj A. Nekrassow (1821-1878), bekannter russischer Dichter.

Wladimirowitsch", „Wir haben Ihren Auftrag mit Erfolg ausgeführt, Wladimir Wladimirowitsch".

Wollen Sie noch mehr über „politische Sprache" hören? Bitte sehr.

Ein Treffen mit Bürgerrechtlern, ein Fragment über „ausländische Agenten". Putin erklärt: „Geld bekommen sie aus dem Ausland, und sie wollen sich in unsere Politik einmischen, Einfluss auf die Wahlen nehmen. Das muss man unbedingt verhindern!"

Ob der Leser zustimmt oder nicht, ich möchte daran erinnern: Der erste ausländische Agent war doch Lenin. Als er im Frühjahr 1917 nach Petrograd zurückkehrte, übernahm er die Aufgabe eines Leiters der deutschen Residentur[86]. Zusammen mit einigen Gleichgesinnten erhielt er 60 Millionen RM (nach heutigem Geld 1,5 Milliarden Dollar). Einen Tag vor dem Ausscheiden Österreich-Ungarns aus dem Krieg machten die Bolschewiki auf Befehl Lenins und Trotzkis den Umsturz, rissen die Macht an sich und beschlossen das „Dekret über den Frieden", d.h. sie ergaben sich den Deutschen. Später kapitulierten sie offiziell und unterzeichneten den Friedensvertrag von Brest mit einem unterlegenen Deutschland. Der Vertrag umfasste erhebliche Kontributionen und territoriale Abtretungen. Seitdem ist viel Zeit vergangen, es gibt kein kaiserliches Deutschland mehr. Und bei uns kämpfte das Volk für „die Räte ohne die Kommunisten", kämpfte „für das Vaterland, gegen Stalin", aber das umgestürzte Russland steht bis heute auf dem Kopf, die offizielle Geschichtsdarstellung und die politischen Werte sind verwirrt, und der Leichnam des ausländischen Agenten (Lenin) verschandelt weiterhin das Zentrum unserer Hauptstadt.

Ich höre, wie man sagt: „Warum sagen Sie das immer wieder, es reicht, es ist unnötig." – „Nein, es ist nötig, nein, es ist lebensnotwendig! Und keinen Schritt zurück!"

Meine Widersacher merken nicht einmal, wie uns allen (leider nicht ihnen) „die weise Politik und noch mehr die weisen Erlasse" schaden, wie die Warenpreise explodieren. Ja, vor dem 17. Dezember, vor Putins Pressekonferenz, hat man sie gebremst. Wer hat denn noch nicht bewiesen, dass die Rohstoffwirtschaft nicht Russland zu Gute kommt? Aber die Machthaber hören seit 20 Jahren auf

86 Eine Residentur ist die mehr oder weniger legale Vertretung eines Nachrichtendienstes im Ausland.

niemanden! Unter dem Zaren kostete der Dollar 1,80 Rubel, und die deutsche Reichsmark kostete 47 Kopeken. Wenn für den nicht gestürzten Diktator aus Minsk aus unserem Budget 1,5 Milliarden Dollar abgeführt werden, bedeutet das wirtschaftlichen Niedergang. Die Domino-Steine der Katastrophe nehmen zu und fallen um, und das heißt, die Zeit für öffentliche Veränderungen ist reif, beileibe nicht alles wird so bleiben, wie es ist.

Das Bild ist leider unvollständig, wenn man nicht zwei Worte über den Impfstoff sagt. Hier verleumden uns die „Feinde" wirklich. Unser Verteidigungsministerium ist überzeugt: Der Westen finanziert eine Kampagne, um „Sputnik-W" zu diskreditieren. Die „Intrigen des Westens" werden täglich und stündlich auf unseren und auf den Fernsehsendern des ukrainischen Moskaufreundes Medwedtschuk[87] entlarvt. Aber der Effekt ist nahe Null, da der Hauptgegenstand nicht analysiert worden ist. „Wer einmal lügt, dem glaubt man nicht, und wenn er auch die Wahrheit spricht", wie man auch im Deutschen sprichwörtlich sagt. Wenn die ganze Welt davon überzeugt ist, dass „sie (das Flugzeug) abgeschossen haben", antwortet das Außenministerium: „Eure Argumente im Fall der Malaisischen Boing beweisen nichts". Wenn der Westen das Vorhandensein russischer Soldaten in der Ukraine verurteilt, sagt der Kreml: „Eure Argumente sind unbegründet". Alle wissen, wer versucht hat, Nawalny zu vergiften, und zur Antwort hört man: „Jemandes Krankheit ist kein Grund, eine strafrechtliche Untersuchung einzuleiten." – Jetzt, nach allem, was geschehen und gesagt worden ist, selbst wenn sich „Sputnik W" plötzlich als der effektivste Impfstoff der Welt erweisen sollte, wird es unendlich lange keiner glauben.

Nachdem der Kreml das ganze Land in ein Meer von Lügen gestoßen hat, löst er unsere Probleme nicht, sondern vertieft und verschärft sie noch. Vieles, was Leo Tolstoj um die Wende von 19. zum 20. Jahrhundert voraussah, klingt im heutigen Russland sehr aktuell.

Dezember 2020

87 Viktor V. Medwedchuk (*1954), kremelnaher ukrainischer Politiker.

11. Nawalny verhaftet, was nun?

Ein Empfang in Wnukowo[88], drei Lektionen. Ich hatte mich frühzeitig zum Flughafen begeben, aber der Eingang in das Gebäude war schon von den Sicherheitskräften blockiert. Ich durchschritt eine dichte Gruppe von Leuten und näherte mich dem Rahmen des Metalldetektors und ging weiter. Die Hände Uniformierter streckten sich nach mir aus. Ich sagte mit fester Stimme zu ihnen: "Ihr Vater dürfte jünger als ich sein, stoßen sie doch einen Opa bei 20 Grad Frost nicht hinaus in die Kälte" und ging in das Empfangsgebäude hinein. Der Griff der OMON-Leute[89] lockerte sich ein wenig.

Die erste Lektion. Die OMON-Leute sind nicht darauf versessen, absurde Befehle auszuführen, das heißt, man muss versuchen, mit ihnen Kontakt aufzunehmen.

Bis zur Ankunft Nawalnys blieb noch etwa eine Stunde. Im Inneren des Flughafens positionierte sich eine dichte Kette von OMON-Leuten. Ich trat an die „Kosmonauten" heran und fragte: „Kommt Nawalny aus diesem Ausgang?" und spielte den naiven Opa, wohl wissend, dass die OMON-Leute nicht mit den Bürgern sprechen dürfen. „Er wird hier nicht landen", antwortete der Plastikhelm halblaut durch die Zähne. Ich glaubte fast nicht, dass man mir tatsächlich antwortete, und sie sagten vermutlich sogar die Wahrheit. Und auf meine erneute Frage, ob er nicht in Wnukowo lande, wiederholte der Helmträger seine Antwort.

Die erste Lektion wurde von der zweiten bestätigt, die neue Schlussfolgerungen erlaubt. Als ich wieder zu Hause war, stellte ich mir „Nawalnys Ankunft" bildlich vor. Es wurde mir klar, was das bedeutete: Die Machthaber hatten erkannt, dass eine Masse von Leuten kommen würde, den „ausländischen Agenten" zu begrüßen. Die Erfahrung von Minsk, wo es den von OMON-Leuten Festgehaltenen nicht selten gelang, sich zur Wehr zu setzen, kennt der Kreml so gut wie wir alle. Deshalb beschlossen die Tschekisten, das Flugzeug in Scheremetjewo[90]

---

88 Wnukowo ist einer der vier Flughäfen Moskaus, südwestlich der Stadt gelegen.

89 OMON bedeutet Mobile Abteilung für besondere Aufgaben, eine schwer bewaffnete Spezialeinheit, die dem Innenministerium untersteht.

90 Scheremetjewo ist der größte Flughafen Moskaus, im Nordwesten der Stadt gelegen.

landen zu lassen, was nicht zu vermuten war. Anders gesagt, die Machthaber hatten erkannt, dass sie in Wnukowo heftigen Protest provozieren würden und stellten sich rechtzeitig auf ihn ein. Sie übten quasi seine Auflösung. Das ist Lektion Nummer drei.

Während Hunderte von Menschen, die auf verschiedene Weise in das Innere des Flughafens gekommen waren, die Ankunft ihres Helden erwarteten, ergriffen die OMON-Tschekisten[91] träge hin und wieder die aktivsten Besucher, Leute mit einer russischen Fahne, Leute, die laute Schreie gegen Putin ausstießen. Aber in einem bestimmten Moment wurde offenbar der Befehl gegeben, einen Teil der Besucher aus dem Gebäude zu entfernen, und es begann die Operation „Brutales Zuschlagen" (im Jargon der OMON). Wer in dieses Handgemenge geriet, lief ernstlich Gefahr, zertreten zu werden oder sich Arme oder Beine zu brechen. (Ich bin davon überzeugt, dass dort einige wirklich zu Krüppeln geschlagen wurden, doch von ihnen berichten die Medien nicht.) Ich befand mich einige Meter entfernt von den Bedrängten und bemühte mich, die Erregung einiger uniformierter Zwei-Meter-Hulks zu besänftigen, und ich fing an, das traditionelle „Schande, Schande" zu rufen, aber niemand unterstützte mich dabei. Einen Augenblick später fingen die Demonstranten an, „Fa-schis-ten" zu skandieren!

Die dritte Lektion ist deutlich: nicht alle OMON-Leute sind wirklich wie wilde Tiere, aber es ist völlig klar, dass man sich hier keinen Illusionen hingeben darf. OMON ist eine Maschine, die die gegebenen Befehle ziemlich stumpf ausführt. Und ich ziehe noch folgenden Schluss: ich bin davon überzeugt, dass ein Teil der Gesellschaft noch erheblich radikaler ist, als es kürzlich der Fall war und als ich es mir vorstellen kann. Der Konflikt zwischen der Gesellschaft und den Machthabern ist um Einiges schärfer geworden.

Die genannten Überlegungen und Lektionen sind wichtig, weil sie weit über Wnukowo hinaus wirken, von Chabarowsk bis Shies[92], von Moskau bis Petersburg.

---

91 Die OMON-Leute werden hier in Anspielung auf Lenins Geheimpolizei Tscheka Tschekisten genannt.

92 In Es gab Umweltproteste gegen den Bau einer Deponie in der Nähe der Station Shies im Bezirk Lensky in der Region Archangelsk.

Zur Linie des Kreml. Die Mächtigen haben nicht nur bekräftigt, was ihnen am wichtigsten ist, nämlich sie selbst und ihre Selbsterhaltung. Das war auch früher schon klar. Jetzt haben sie uns gezeigt, dass die Macht nicht nur der höchste, sondern auch der **einzige** Wert des Putinismus ist. Das Volk ist hier allenfalls geduldet, aber nur als „Restgröße".

Für die Selbsterhaltung setzt der Kreml das Recht außer Kraft. Früher versuchte er, die Einhaltung des Rechts zu **imitieren**, jetzt zeigt er uns offen: wenn das Gesetz stört, so habt keinen Zweifel, wir werden es ohne Zögern mit Füßen treten.

Für die Selbsterhaltung spuckt der Kreml auf die ganze Welt und auf das Prestige Russlands. Irgendwelche Proteste des Westens sind für uns kein Befehl, erklärt Peskow[93]. Ja, das sind natürlich nur Worte. In der Tat aber ist die Solidarität des Westens für unsere Zivilgesellschaft wichtig wie nie zuvor, und wir sind für diese Solidarität sehr dankbar.

Der Kreml demonstriert die absolute Unfähigkeit zum Dialog und zu irgendeinem Kompromiss. Er handelt nach dem Prinzip: nun gut, vergiften ist nicht gelungen, also einsperren! Die äußerste Härte verwandelt sich zur neostalinistischen Staatsnorm: den Mann, der wie durch ein Wunder nach der Vergiftung überlebt hat und im Ausland noch nicht ganz geheilt ist, empfängt die eigene Regierung „gastfreundlich" mit Handschellen.

Wie geht es weiter. Der Arrest von Nawalny kann durchaus zum Auslöser eines offenen Protestes werden, der Jahr für Jahr gewachsen und breiter geworden ist. Wenn der Kreml auch künftig seine Grenzen überschreitet, kann in unserem Land eine völlig andere und sehr gefährliche Form von Widerstand entstehen. Das ist teilweise bereits entstanden, von dem Anschlag auf die Lubjanka[94], von den Explosionen auf regionalen Abteilungen des FSB berichten die Medien regelmäßig. Natürlich ist Russland nicht die Ukraine, wo Bandera[95] und Schuchewytsch[96] eine Armee von 400 000 schufen. Aber

93 Dmitri S. Peskow (*1967), Pressesprecher des russischen Präsidenten.

94 Von 1920 bis 1991 war es das zentrale Gefängnis und Archiv des sowjetischen Geheimdienstes in Moskau, heute Sitz des russischen Inlandsgeheimdienst FSB.

95 Stepan A. Bandera (1909-1959), ukrainischer Politiker, Nationalist, wurde von einem KGB-Agenten in München ermordet.

96 Roman Schuchewytsch, ukrainischer Patriot.

die ROA (Russische Befreiungsarmee von Wlassow[97]) und Kosakeneinheiten waren auch in Russland aktiv. Eigentlich wurde im Sommer 1953 selbst der Stalinismus durch zwei Aufstände im GULAG gebrochen.

Mit einem Protest, der nicht aus der demokratischen Opposition hervorgeht und keine Verbindung zu ihr hat, Verhandlungen zu führen, wird nicht möglich sein. Im Kreml wird wohl keiner das Land bewusst in den Strudel eines Bürgerkriegs stoßen wollen?!

Jeder Politiker, sowohl im Kreml als auch von der Rechten und der Linken muss auf Verhandlungen, auf Dialog bestehen und sich entschieden gegen die Entfernung Alexej Nawalnys aus unserem politischen Leben wenden. Nawalny ist für viele Millionen unserer Mitbürger ein unerschrockener Kämpfer gegen die Korruption. Wer ihn nicht einmal anhören will, widersetzt sich den Interessen von Millionen Russen und stößt uns auf einen für Russland falschen, völlig unannehmbaren und äußerst gefährlichen Weg.

Januar 2021

97 S.o. Anmerkung 78.

12. Über ein Misstrauensvotum gegen Putin

Zum Thema des gestrigen „Referendums". In der Russischen Föderation gibt es drei Typen von Abstimmungen. Der erste, offizielle, den man auch Nicht-Abstimmung nennen kann, ist eine Abstimmung mit gefälschten Stimmzetteln, die irgendwo stattfindet. Ihre Ergebnisse stehen von vornherein fest, und ebenso bekannt ist die Tatsache, dass sie mit der Realität nichts zu tun haben.

Der zweite Typ ist die Abstimmung mit den Füßen. Das ist der Fall, wenn aus dem Land, „wo der Mensch so frei atmet"[98] nach der Grenzöffnung im Jahre 1991 15 Millionen Bürger weggegangen sind. Es heißt, sie seien aus der Russischen Föderation zu den „Russophoben" gegangen.

Der dritte Typ ist gegeben, wenn in keinem Wahlbezirk offiziell zur Abstimmung aufgefordert wird, mehr noch, wenn den Menschen sogar direkt gedroht wird und mögliche Führer der Aktion vorher gehindert werden. Aber Hunderttausende gehen trotzdem auf die Straße, um den Machthabern ein „NEIN" zuzurufen.

Gestern gingen die Menschen von vielen Städten auf die Straße, aber ich spreche jetzt nur von Moskau. Zum Puschkinplatz bin ich mit dem Auto gefahren, kam dort anderthalb Stunden vor Beginn an. Zwei Stunden umkreiste ich unermüdlich den Platz. Es war gänzlich unmöglich, den Wagen abzustellen, es war absolut alles besetzt. Ich fand nur zwei freie Plätze, aber beim ersten entdeckte ich ein Schild mit der Warnung vor Schneebruch vom Dach. Im zweiten Fall merkte ich nicht gleich, dass ich einem anderen Fahrer die Ausfahrt unmöglich machen würde. Ich dachte, wenn die OMON zugriffe, würde der „Eingeklemmte" der erste Kämpfer für meine Befreiung sein, aber ich wollte nichts riskieren.

Zudem begegnete mir überall ein nicht abreißender Strom von Menschen, wo ich auch anhielt, aus welcher Straße ich auch kam, durch welches Gässchen ich auch schlich. Und als ich nach vier Stunden, schließlich enttäuscht und verärgert, umkehrte und nach Hause fuhr, begegnete mir wiederum ein nicht abreißender Menschenstrom. Ja, es gibt keinen Grund zu streiten, selbst die Pressesprecherin des Außenministeriums Mascha Sacharowa sprach von

98 So hieß es z.B. in der Hymne der UdSSR.

„40 000 Teilnehmern". Und die Rechnung des Kreml kennen alle: eins zu sieben. Das heißt, es waren sicher etwa 300 000 Demonstranten, aber auch das waren nicht alle, denn das Ende der Aktion war nicht bekannt. Hinzu kommen viele Millionen Zuschauer im Internet.

Man könnte meinen, dass dies für eine von oben unterbundene Demonstration nicht viele sind. Vor einem Jahr wurde in Nowosibirsk im Internet eine Nachricht veröffentlicht, die niemand verbot: auf dem zentralen Marktplatz der Stadt werde am Sonntag von 12 bis 16 Uhr eine Abstimmung zu Gunsten Putins stattfinden. Ganze sieben Teilnehmer waren da.

Was sagten die Propagandisten des Kremls? „Na, haben Sie das gehört, die Opposition lügt nach Strich und Faden, es ist unerhört, sie schleppen kleine Kinder mit auf die Demonstration, stellen sie in einer Kette vor die Protestierenden."

Soll man darauf antworten? Ja, einverstanden. Ich antworte, denn das ist nicht schwer.

Gibt es etwa ein Gesetz, das die Teilnahme von Kindern an Bürgeraktionen untersagt? Davon habe ich nichts gehört, und auf jeden Fall bin ich gegen ein solches Gesetz. Denn die Leute „schleppen" die Kinder nicht auf Sauf-und Pornoorgien, sie lehren sie vielmehr, für ihr Land da zu sein, lehren sie, die eigenen Rechte und die Position der Bürger zu verteidigen. Ja und die Kinder gehen neben den Erwachsenen, zusammen mit normalen, verantwortlichen Leuten. Oder wollen die Machthaber die Jugend vor den Kerlen in Uniform und mit Schlagstöcken schützen? Holen Sie doch die OMON-Truppe von den Straßen, und alles wäre in Ordnung! In meiner frühen Kindheit ging ich am 1. Mai und am 7. November mit meinem Vater regelmäßig auf den Roten Platz; eine andere Sache ist es, dass wir später alle klüger waren. Am 9. Mai des vergangenen Jahres zeigte man als Neuigkeit im ganzen Land irgendeinen Kindergarten und in Militäruniformen gekleidete Kinder mit Spielzeug-Maschinenpistolen. Ist das etwa normal?

Ich sage auch noch etwas anderes: So oft ich um das Zentrum herumfuhr, Kinder habe ich nicht gesehen. Von ihnen habe ich erst am Abend gehört, als ich die „Reportage" zweier bezahlter Fernsehjournalisten sah. Da fiel mir plötzlich die sowjetische Propagandalüge von einem „gekreuzigten Jungen" ein. Ja, es ist offenbar schwer, so etwas zu erfinden, um nicht Schlimmeres zu sagen.

In den offiziellen Medien gab es noch eine sehr abgedroschene „alte Leier": „Die Teilnahme an unerlaubten Demonstrationen wird gesetzlich verfolgt, Sie stören die Bürger…", wiederholten uniformierte Leute mit Megaphon. Da sage ich: „Hören Sie mal, gab es denn bei uns in den letzten 20 Jahren – also in einer ganzen Generation – erlaubte Demonstrationen? Wozu und wem nützen Eure volksfeindlichen Gesetze? Wie viel sollen wir denn ertragen? Genug, es reicht! Schafft lieber zuerst einmal Parkplätze!" Und wenn der Leser nicht verstanden hat und nicht einverstanden ist, soll er noch einmal nachdenken: Wer stört hier wen eigentlich?

Worum ging es bei diesem „Referendum"? Meiner Meinung nach ging es um zwei Fragen.

Die erste betrifft Putin, seine Freunde, die Korruption und den Palast. Hier spielte Putin ein ganz einfaches Trumpf-Ass aus, indem er vor die Kamera trat und dem ganzen Land erklärte: „Ich schwöre bei meiner Mama". (Hier gibt es übrigens auch Probleme, sprechen Sie mit Georgiern, die sind davon überzeugt, dass die greise Mama des Präsidenten gesund ist, in Georgien lebt, unweit von Gelendschik und sich nach dem Sohn sehnt, der sie ganz vergessen hat.) „Gut, ich schwöre bei Gott, ich weiß nichts, habe keine Verbindung… Ich bitte darum, eine internationale Kommission zu bestimmen, ohne Beschränkungen, wir werden alles offenlegen und zeigen, und Nawalny soll sich schämen." Aber nichts dergleichen hat man gehört. Und dieses Schweigen, diese Stille war ein viel lauteres Argument als der aufsehenerregende Dokumentarfilm, den jetzt das ganze Land sieht.

Sie fragen, wofür das Volk gestern zur „Abstimmung" auf die Straße ging. Ich meine, für alles zusammen. Es war die Antwort auf die neuen Gesetze, die zu atmen, zu sprechen und zu denken verbieten. Es war die Antwort auf die Aufhebung der Verfassung, die auf Initiative ihres Garanten vorgenommen wurde, die Antwort auf den Krieg in der Ukraine, auf die Unterstützung des blutigen Diktators, den „Papst von Minsk", auf den durch Doping verdorbenen russischen Sport und auf die nicht endenden Vergiftungen von Opponenten, auf den Bevölkerungsschwund, auf die dem Kreml ergebene Fernsehpropagandisten, auf die uns gestohlenen und ins Ausland gebrachten Millionen, auf die Bestechung ausländischer Politiker, auf die „Missverständnisse" über explodierte Häuser und Flugzeuge, auf den Niedergang der Wirtschaft, der Bildung und des Gesundheitswesens, auf die beispiellose Verarmung Russlands… Es war eine Abstimmung für unser Vaterland Russland, für das dieses alles unendlich beleidigend ist.

Eine zweite Frage zu Alexej Nawalny. Das ist ein junger Mann von ungewöhnlichem Mut. Ein Mensch, der den eigenen Tod erlebt und besiegt hat! Er braucht unsere Unterstützung, und die hat er gestern bekommen. Und Streitereien und Fragen, ja, die gibt es im Internet, und auch ich habe Fragen. Und es gibt forcierte Versuche, ihn zu beschmutzen und zu diskreditieren. Aber darüber kann und muss man später sprechen, wenn alle politischen Gefangenen in Freiheit kommen.

Und bis dahin verbeugen wir uns vor der Helden-Stadt Chabarowsk[99] und vor seinen Bürgern, die das ganze Land aufgerüttelt haben! Wir alle grüßen sie!

Januar 2021

99 In Chabarowsk und anderen Städten des östlichsten Russland kam es immer wieder zu Demonstrationen gegen Moskaus Willkürmaßnahmen.

13. Die Grenzen Gewaltanwendung des Kremls oder Wie eine Konfrontation zu vermeiden ist

Zwanzig Tage, die Russland erschüttert haben. Die Ereignisse der letzten Wochen haben die ganze Atmosphäre und die politische Lage in unserem Land wesentlich verändert. Sie müssen einer differenzierten Untersuchung und Analyse unterzogen werden. Es gibt zwar schon verschiedene Meinungen und Urteile, aber noch keine Diskussion.

Wenn man fragt, was sich verändert hat, antworte ich, wenn auch nur kurz.

Nachdem hundert Millionen den Film „Putins Palast" gesehen haben, **hat der Präsident das Vertrauen verloren** nicht nur der Aktivisten und der Opposition, sondern auch der Mehrheit der russischen Gesellschaft.

Nach dem Mordversuch an Nawalny und seiner willkürlichen Festnahme und Verurteilung nach seiner Rückkehr aus Deutschland kann die Staatsmacht aus Sicht der öffentlichen Meinung **nicht mehr im Namen von Recht und Gesetz auftreten.**

Nach der Verprügelung und Festnahme vieler Tausender junger Leute, die friedlich auf die Straßen der Städte gegangen waren, **hat sich die moralische Situation verändert.** Wenn eine Handvoll äußerst verlogener, korrupter und demoralisierter Machthaber vor den Augen der ganzen Welt anständige und ehrenhafte Bürger schonungslos verfolgt, verändert sich das allgemeine Bewusstsein ganz erheblich.

Ein Beispiel des Wandels moralischer Urteile ist der Prozess, der in den 1980er Jahren im Zuge von Gorbatschows Kampagne gegen die Trunksucht begann, die nicht alle Probleme löste und auf großen Widerstand stieß, aber dennoch das Wichtigste bewirkte. Sie **veränderte das Bewusstsein, die moralischen Normen, grundlegend.** Vor der Kampagne war man stolz auf die Trinkerei. Nach der Kampagne trank man zwar auch, aber mit gewissen Hemmungen, und darin liegt die Veränderung der moralischen Einstellung zum Alkohol.

Aber im Hinblick auf die Proteste und den gegenwärtigen moralischen Wertewandel sind andere Analogien wichtig. Ende der 1970er Jahre schrieb ich als junger Aspirant eine Dissertation über die Soziologie des polnischen Fernsehens und arbeitete in Warschau. Mit meinen neuen Bekannten diskutierte ich ständig das Thema von Protest und Freiheit. Manchmal zeigten meine Gesprächspartner Schrammen an ihrem Körper und am Kopf, die von den Knüppeln der Miliz stammten. Es überraschte mich nicht am meisten, dass die Polen nicht klagten und nicht prahlten, sie waren einfach stolz darauf, für ein freies Polen zu kämpfen. Solche Haltungen, Furchtlosigkeit und das **Glück, für die Freiheit des eigenen Landes alles zu riskieren,** traf ich auch auf dem Majdan[100]. Heute wird die Bereitschaft zur Selbsthingabe **für ein freies Russland** auch bei uns zur moralischen Notwendigkeit.

Die Kraft der Staatsmacht und ihre Schwäche. Irgendwann einmal traf ich mit General Kalugin[101] und später mit einigen anderen ehemaligen Tschekisten zusammen, die offen auf die Seite des Volkes übergegangen waren. Ich erfuhr dabei viel Neues, aber am meisten überraschte mich wohl ihr Unwissen oder, um es milder auszudrücken, ihre Uninformiertheit. Auf ihren Hochschulen lernen sie die Geschichte unseres Landes aus offiziellen, verlogenen Lehrbüchern. Wie an allen normalen Hochschulen wird die Geschichte Russlands im 20. Jahrhundert bei uns gefälscht. Über die realen Fakten der sowjetischen „Selbstokkupation", besser gesagt, über die Gewaltherrschaft in der UdSSR, werde ich weiter unten kurz referieren.

Ich stimme mit einigen Teilnehmern des jetzigen Protestes darin überein, dass die letzte Ressource, die der Staatsmacht nach dem Verlust des Vertrauens, des Rechts und der Moral bleibt, die rohe Gewalt ist. Aber die sowjetische Vergangenheit zeigt, dass die Möglichkeiten der gewaltsamen Unterdrückung der Bürger in Wirklichkeit äußerst begrenzt und für das Regime gefährlich sind.

---

100 Der Majdan, ein Platz in Kiew, wurde im Jahr 2004 durch die Orange Revolution weltbekannt. Er war Zentrum des Protestes gegen den Wahlbetrug bei den ukrainischen Präsidentschaftswahlen. Ebenso war er zwischen November 2013 und Ende Februar 2014 Mittelpunkt der nach ihm benannten Euromajdan-Proteste.

101 Oleg D. Kalugin (*1934) war jüngster KGB-General. Zweifel am System führten zu Versetzungen. Er ging freiwillig in die USA und ist heute Staatsbürger der USA. Er wurde in Abwesenheit zu 15 Jahren Haft verurteilt.

Nachdem er in einem bewaffneten Umsturz die Macht an sich gerissen hatte, erklärte Lenin, der an Neurosyphilis leidende Leiter der deutschen Residentur, die Einführung der Diktatur des Proletariats, d.h. der „Macht, die sich auf direkte Gewalt stützt und durch keinerlei Gesetze und Normen begrenzt ist". Schon 1918 erklärte Lenin kühn, „Russland ist von den Bolschewiki erobert worden". Aber es stellte sich heraus, dass der Widerstand gegen die Roten nur anwuchs, und im Jahr 1919 marschierten entsprechend der „Moskauer Direktive" von A. Denikin[102], bewaffnete Kräfte aus dem Süden Russlands kämpfend in die Hauptstadt. Der Bürgerkrieg im europäischen Russland zog sich bis zum November 1920 hin. Und trotzdem zeigte sich, dass die Bolschewiki schließlich siegten. Im März 1921 tagte in Moskau der 10. Kongress der siegreichen Russischen Kommunistischen Partei. Aber auf seinem Höhepunkt brach in Kronstadt ein gewaltiger antibolschewistischer Aufstand der baltischen Matrosen los, und Lenin war gezwungen nachzugeben. Anstelle des Kriegskommunismus, der Geld, Markt, Handel und Privateigentum verboten hatte, musste man die sogenannte Neue Ökonomische Politik (NEP) ausrufen, d.h. die Rückkehr zur russischen Wirtschaft, aber unter der politischen Macht der Roten.

Zehn Jahre lang heilte das Land seine Wunden. Und 1929 erkannte Stalin, dass man so die Macht überhaupt verlieren konnte und verkündete den „Großen Umbruch". In unserem Land wurde der GULAG organisiert, und das Volk musste eine neue schreckliche Hungersnot, Terror und Repression erleiden. Wenn sie fragen, ob wir stärker geworden sind, sage ich nein, im Gegenteil. Schließlich gerieten Ende 1941 drei Millionen Rotarmisten in deutsche Gefangenschaft, und der verbliebene Teil von Stalins Armee verzichtete faktisch darauf, Stalin zu verteidigen und zog sich bis Moskau und an die Wolga zurück.

Es waren 53 Staaten der Antihitlerkoalition, die den Faschismus besiegten, und nicht die UdSSR allein, die sich durch Gewalt noch 45 Jahre hielt. Aber vor 30 Jahren brach auch die UdSSR zusammen. Stalin hat wiederholt zugegeben: „Ohne die Hilfe der USA und Englands hätte die Sowjetunion dem Überfall des Dritten Reiches nicht standgehalten und hätte in diesem Krieg verloren." Im

102 Anton Iwanowitsch Denikin (1872-1947) war Generalleutnant der kaiserlich-russischen Armee und einer der wichtigsten Kommandeure der Weißen Armee, die im Bürgerkrieg gegen die Herrschaft der Bolschewiki kämpfte. Er starb im Exil in den USA.

Mai 1945 bekannte Stalin im Grunde öffentlich, dass nur wenig gefehlt habe, dass das Volk der Regierung zugerufen hätte: „Ihr habt unsere Erwartungen nicht erfüllt, tretet ab!"

Nach dem Krieg setzte der Tyrann seine Politik des Terrors fort, Massendeportationen kamen zu der dritten künstlichen Hungersnot 1946-1947 hinzu. Es starben zwei Millionen Menschen. Der GULAG wütete mit äußerster Kraft. Aber wenige Wochen nach Stalins Tod, im Mai 1953, begannen Proteste in den Lagern. Der Aufstand in der Zone von Workuta mit 20 000 bis 100 000 Beteiligten und der Marsch auf die Stadt überzeugten Chruschtschow davon, dass die Lager dem eigenen System gefährlich waren, dass die Massenrepressionen zu einem gewaltigen Risiko für den Kreml geworden waren. Und es begann die Auflösung des GULAG.

Gewalt vermeiden. Während im historischen, richtig organisierten Russland ein Aufstand sinnlos gewesen wäre, so wird er im Sowjetismus und Postsowjetismus völlig verständlich. Kann die Staatsmacht zu den grausamen und aussichtslosen Massenrepressionen zurückkehren? Derartige Stimmen, Appelle und Warnungen hört man heute schon. Die Frage ist, was weiter geschehen wird. Es ist klar, dass Nawalny sich nicht ändern und nicht nachgeben wird. Das hat er bereits gezeigt. Klar ist auch, dass sich der Bürgerprotest ebenfalls nicht beruhigen wird. Gibt es einen Ausweg? Die Frage wird noch schwieriger, wenn die wachsende Bürgerbewegung eine offene Spaltung der sogenannten Eliten und die gefestigte, entschiedene Unterstützung der westlichen Demokratien begünstigt. Ist es möglich, die gefährliche direkte Konfrontation auf irgendeine Weise aufzuhalten und zu vermeiden?

Mir scheint die folgende Variante bedenkenswert. Der russische Bürgerprotest und der Westen könnten auf eine Art Tausch bestehen: alle russischen politischen Gefangenen werden frei gelassen und an der Vorbereitung und Durchführung demokratischer Wahlen beteiligt. Auf der anderen Seite würden 20 Familien - die führenden Sicherheitskräfte und ihr Umfeld - eine Garantie ihrer Unantastbarkeit und die Möglichkeit zum Verlassen des Landes erhalten, sagen wir in Richtung der Emirate oder auch woanders hin. Eine solche Variante würde eine gewaltlose Revolution sicherstellen und Russland vor einem Blutvergießen bewahren. Hinzu käme eine äußerst wichtige Bedingung: die

Festnahme und Inhaftierung friedlicher Bürger muss sofort beendet werden! Uns ist nicht Rache das Wichtigste, sondern Russland!

P.S.: Ein Wort über den Palast[103]. Alle verdächtigen Interessenten einschließlich Putin verzichten auf ihn. Ob nun die Möbel weggeschafft oder geplündert werden, der Palast ist nicht billig. Ich schlage vor, einen offenen russischen Wettbewerb um die beste Variante der Nutzung auszuschreiben und damit das Eigentum des Volkes sorgfältig zu behandeln.

Und die Zeit wird kommen - sie ist nicht fern - und dann wird eine Übereinkunft mit der Ukraine unterzeichnet über die Rückführung der russischen Soldaten aus dem ORDLO (sog. Volksrepubliken Dombass und Lugansk) und über die Rückkehr Russlands zum internationalen Recht. Von der Rückgabe der Krim würde ich lieber in äsopischer Sprache[104] sprechen, denn sonst könnte ich zu leicht ein Gesetz verletzen.

Februar 2021

---

103 Nawalny veröffentlichte im Internet einen Film über den luxuriösen Palast, den Putin für sich und seine Freunde bauen ließ. Dieser Film wurde millionenfach aufgerufen. Putin bestreitet die Vorwürfe und bezichtigt Nawalny der Lüge. Der Film hat Demonstrationen ausgelöst und Putins Prestige erheblich gemindert.

104 Das heißt in einer Sprache zu sprechen, die verborgene Bedeutungen vermittelt, den Gegenstand aber nicht direkt formuliert. Nach dem legendären griechischen Fabeldichter Aisopos.

14. Ein Denkverbot in der Verfassung

Aus den aktuellen Nachrichten. Putin hat die Anweisung gegeben, die „Gleichsetzung der Rolle der UdSSR und der des faschistischen Deutschlands" zu verbieten. Putin hat die Staatsduma angewiesen, bis zum 1. Juli 2021 eine Verfassungsänderung vorzunehmen mit dem Zusatz „Über die Verewigung des Sieges des Sowjetvolks im Großen Vaterländischen Krieg", dessen Kernaussage das Verbot enthalten soll, „die Rolle der UdSSR und des faschistischen Deutschlands im Zweiten Weltkrieg öffentlich gleichzusetzen", entsprechend den Erlassen des Präsidenten auf der Internetseite des Kreml vom 23. Januar.

Ich wiederhole und erinnere an unwiderlegbare Tatsachen, unbestreitbare Fakten, die beweisen, dass die „Rollen vergleichbar" sind.

Moskau, am 23. August 1939. Die Unterzeichnung des sowjetisch-deutschen Nichtangriffspaktes und des „Geheimprotokolls". Die Länge der Unterschrift des triumphierenden und begeisterten Stalin auf der Karte zum Protokoll, wo die Gebietsgewinne der UdSSR markiert sind, beträgt 59 Zentimeter! Es ist sehr bezeichnend, dass die Staatsmacht die offizielle Einstellung zum Protokoll viermal geändert hat. Und sie wird sie wieder ändern.

Moskau, am 22. September 1939 in Brest. Gemeinsame Parade der Wehrmacht und der Roten Armee.

Moskau am 28. September 1939. Unterzeichnung des Freundschafts- und Grenzvertrages zwischen der UdSSR und Deutschland.

Wenn das alles nicht die „Vergleichbarkeit der Rolle" beweist, gibt es dann überhaupt etwas, das diese Vergleichbarkeit beweisen kann? Ein zusätzliches Argument für die „Gleichheit" ist der Umstand, dass nach Beginn des Vaterländischen Krieges, nach dem 22. Juni 1941, der Kreml die Verträge für ungültig erklärt hat.

Und dennoch bleibt die Frage: sind beider Rollen nun vergleichbar oder nicht? Die reale Situation war noch schlimmer und noch komplizierter!

Für die Beziehungen zwischen dem Kreml und Berlin ist ein spiegelbildlicher Prozess sehr bezeichnend, nämlich das Verhältnis der sowjetischen Machthaber zu den deutschen Kommunisten, die nach Hitlers Machtergreifung in die UdSSR geflohen waren. In der Sowjetunion wurden sie wie liebe Brüder und Gleichgesinnte empfangen. Aber in den Jahren des Terrors, genau genommen am 25. Juli 1937, begann eine Aktion des NKWD[105], die „Deutsche Operation", und 65 000 deutsche Kommunisten wurden verhaftet. 42 000 wurden als Agenten der Gestapo bezeichnet und zu Höchststrafen verurteilt. Einige hundert Deutsche, die ihre Pässe und Staatsbürgerschaft behalten hatten, ließ Hitler nach Deutschland zurückholen. Insbesondere einige Sekretärinnen der Komintern kamen in das Deutsche Reich, wo sie für Hitler ein vollständiges Verzeichnis der sowjetischen Agenten aufstellten. Wie Kremlpropagandisten andeuten, war Stalin ein Mann von großem Verstand, konnte aber lange nicht verstehen, wie und warum es der deutschen Abwehr gelang, die gesamte Agententätigkeit in Deutschland zu neutralisieren.

Nach der Säuberungsaktion des NKWD schienen alle Spione unschädlich gemacht worden zu sein und in Lenins Heimat nur echte und wirkliche Freunde zu leben. Aber mit der Unterzeichnung des Stalin-Hitler-Paktes vom 23. August - heute als Zeichen der „Unvergleichbarkeit der Rollen" interpretiert – erhielt Stalin die dringende Bitte aus dem Deutschen Reich, die geflüchteten Deutschen nach Hause zu schicken, d.h. die standhaften deutschen Kommunisten der Gestapo auszuliefern. Wie hätte man auch den „Kampfgenossen" nicht ehren und erfreuen können! Die in der UdSSR gebliebenen Mitglieder der KPD wurden interniert und dem Führer in den Rachen geworfen.

Und noch einige Bemerkungen. Vor dem August 1939 wurde der Faschismus in der UdSSR scharf kritisiert, aber nach dem August wurden wie üblich alle offiziellen Urteile um 180 Grad in das Gegenteil verwandelt. Doch viele Sowjetbürger hielten an ihrer negativen Einstellung gegenüber dem Führer fest und äußerten das auch öffentlich nach der Unterzeichnung des sowjetisch-deutschen Vertrages. Als solche Urteile Denunzianten zu Ohren kamen, wurden die Kritiker des Nazismus in die sowjetischen Lager geschickt. Bis 1941 wurden sie nicht aus dem GULAG entlassen, einige sogar bis 1942 nicht. Weshalb wurden Hitlers Kritiker in einem Land unterdrückt, das schon mit Hitler Krieg führte? In einem streng totalitären Staat ist allein der Führer das ausschlaggebende Subjekt. Im Spanischen Bürgerkrieg kämpfte Stalin mit Hitler und Franco; in Polen kämpfte Stalin zusammen mit Hitler gegen Warschau. In einem totalitären

105 Die Abkürzung steht für Innenministerium, das auch die Aufgaben einer Geheimpolizei wahrnahm.

Staat können die Bürger mit den Machthabern nicht streiten, da heißt es „das ganze Sowjetvolk steht wie ein Mann"; die Machthaber fragten nach nichts, aber sie erlaubten, sie „einmütig zu unterstützen". **Die Macht handelte nur im Sinne der Interessen des Führers**, die sich regelmäßig änderten und die für die Interessen des ganzen Volkes ausgegeben wurden.

Über den Holocaust und den Zweiten Weltkrieg. Kaum hatten die Medien Putins Erlass mitgeteilt, und sogleich erschienen Rechtfertiger und Klugschwätzer.

Natürlich ist es inakzeptabel, die Tragödie des Holocaust in Frage zu stellen. In 18 westlichen Staaten, darunter in allen deutschsprachigen, steht die Leugnung des Holocaust unter Strafe.

Doch es geht darum, dass die Tragödie der Juden im Zweiten Weltkrieg oft bewiesen worden ist, aber die Nicht-Vergleichbarkeit von Hitler und Stalin ist ein Mythos, der allgemein bekannten Tatsachen widerspricht. Hier liegen die Dinge augenscheinlich anders! Und wie viele sind die „Unvergessenen" – ob es 7 Millionen oder 42 Millionen sind (wie die offiziellen Zahlen lauten), weiß niemand.

Noch einige Fragen und Bemerkungen. Wie wir sehen, ist Putins Anweisung keineswegs eine Antwort auf Briefe und Erklärungen von Geschichtswissenschaftlern, die unerwartet neue Dokumente ans Licht gebracht hätten. Solche Briefe gibt es auch nicht. Es geht wiederum um den Auftrag Putins an die offiziellen Staats-Historiker, die keine eigene Position vertreten.

Schlimmer noch ist, dass die Realisierung des Präsidentenerlasses eine fundamentale Verfassungsnorm verletzt, nämlich das Verbot einer neuen Staatsideologie! Und dass dieser Erlass bisher keinerlei Fragen und Diskussionen in der Gesellschaft ausgelöst hat, führt zu einem traurigen Schluss: wir haben kein wirkliches Verfassungsgericht, und die offiziellen Staats-Historiker sind keine Wissenschaftler, sondern Mythenerfinder.

Dabei wird es augenscheinlich, dass die Staatsmacht, die unser Land zwingt, in ihrer ausgedachten und nicht wirklich existierenden Realität zu leben, eine Staatsmacht, die keinen Bezug zur Wahrheit hat, ihre Schwäche und nicht ihre Stärke beweist!

Es ist aufschlussreich: wenn 100 Millionen Nawalnys Film gesehen haben und fordern, seine Vergiftung zu ahnden und auf die Korruption zu reagieren, antwortet man ihnen mit dem Hinweis auf Kinder, die man angeblich auf die Demonstrationen mitbringt. Und wenn bewiesen ist, dass Hitler und Stalin gemeinsame Sache machten, lenkt auch hier die Propaganda vom Thema ab und gibt uns auch hier eine völlig inadäquate Antwort.

Februar 2021

Nachwort des Herausgebers

Igor B. Tschubais, 1947 in Berlin geboren, lebt in Moskau. Er ist Doktor der Philosophie und Professor.

Sein wissenschaftliches Hauptinteresse gilt seit 1992 der Russlandkunde. In seinen historischen Texten ist es ihm sehr wichtig, die politisch verordneten Mythen, die die geschichtliche Wirklichkeit Russlands und der Sowjetunion verfälschen oder verschleiern, zu widerlegen.

Tschubais ist russischer Patriot und entschiedener Kämpfer für Menschenrechte und Demokratie, die er seinem Land wünscht. Wegen seiner systemkritischen Einstellung verlor er seinen Lehrstuhl an der Moskauer Universität der Völkerfreundschaft. Er möchte ein freies Russland, das die Kontinuität zu den positiven Werten des vorrevolutionären Russland sucht und die Idee der Demokratie verwirklicht. Dieses Ziel verfolgt er seit Jahren als Dissident und Blogger. Im fünften Aufsatz der vorliegenden Sammlung seiner Artikel schreibt er:

„Niemand wird für uns die Folgerungen ziehen, die wir selbst ziehen müssen. Und diese Folgerungen sind evident. Das politische Unterdrückungssystem in Russland ist verlogen, insolvent und unannehmbar. Wir brauchen seine friedliche Demontage und die Kontinuität mit dem historischen Russland, natürlich einem reformierten, modernisierten und durch die Erfahrung der westlichen Demokratien bereichertes Russland. Nur so ist der Niedergang und der Untergang Russlands aufzuhalten! Die Veränderungen beginnen, wenn der maßgebliche Teil der Gesellschaft das einsieht!"

Die hier vorliegenden Artikel spiegeln wesentliche Ereignisse im Russland des Jahres 2020/2021 in kritischen Beiträgen, die im Internet jeweils kurzzeitig zu lesen waren.

Durch alle seine Artikel zieht sich das Problem der nicht verarbeiteten, nicht bewältigten sowjetischen Vergangenheit. In seiner Sicht ist das jetzige postsowjetische System in Gefahr, sich dem vergangenen Unterdrückungssystem immer mehr anzunähern.

Die vorliegende Sammlung von Artikeln ist die vierte Publikation des Autors in deutscher Übersetzung.

Dormagen, im April 2021
Dietrich Kegler

Dietrich Kegler (Hrsg.), Igor Tschubais (Autor)

Shaker Media
ISBN 978-3-95631-495-7
108 Seiten
Deutsch
Paperback
21 x 14,8 cm
15,00 EUR

Wie wir unser Land verstehen sollen

Russische Idee und russ‚ländische Identität: Vergangenheit, Gegenwart, Zukunft

Der folgenschwere Bruch in der russischen Geschichte durch die Oktoberrevolution und siebzig Jahre Sowjetherrschaft ist die eigentliche „russische Katastrophe", sagt der international bekannte Soziologe und russische Oppositionelle Igor Tschubais. Das Sowjetische ist nur halb überwunden, die „Gespaltenheit der sowjetisch-postsowjetischen Realität zeigt sich in allem", der „Mythos vom ‚großen Stalin' geistert wieder durch die offiziellen Medien", während ein „beachtlicher Teil der Gesellschaft" sich „gegen den Neosowjetismus erhebt", schreibt er in seinem Vorwort zur deutschen Ausgabe. Nur ein aus dem Geist der besten russischen Traditionen wiedererstandenes Russland werde gemäß seiner „Idee" und befreit von den sowjetischen Mythen die verlorene Identität wiederfinden.

Dietrich Kegler (Hrsg.), Igor Tschubais (Autor)

Shaker Media
ISBN 978-3-95631-627-2
87 Seiten
Deutsch
Paperback
21 x 14,8 cm
9,90 EUR

Das andere Russland

Gedanken eines Moskauer Dissidenten

Es handelt sich um eine Sammlung von zehn Artikeln, in denen Igor Tschubais die postsowjetische Situation in Russland unter folgenden Themen skizziert: die Rückkehr zu sowjetischen Mythen, die Wiederbelebung des Stalinismus, eine vom Machtapparat abhängige Sozialwissenschaft, die Gängelung der Medien u.a.- Notwendig, so betont Tschubais, ist die Überwindung dieser post-sowjetischen Stagnation, die Besinnung auf die genuin russische Kultur und Zivilisation und der Weg zu demokratischer Beteiligung der Menschen an der Gestaltung ihres Gemeinwesens mittels eines freien gesellschaftlichen Diskurses und freier Wahlen.

Dietrich Kegler (Hrsg.), Igor Tschubais (Autor)

Shaker Media
ISBN 978-3-95631-768-2
208 Seiten
Deutsch
Paperback
21 x 14,8 cm
13,90 EUR

Russische Geschichte

Neukonzeption ohne Mythen und blinde Flecken

Tschubais legt eine von der offiziellen Linie abweichende Konzeption der russischen Geschichte vor. Er zeigt den Bruch der russischen Geschichte durch die Oktoberrevolution. Russland war vor 1917 ein sich entwickelnder Staat auf dem Weg zur Modernität. Die Bolschewiki usurpierten die Macht und errichteten eine Diktatur. Der Preis für das kommunistische Experiment unter Lenin, Stalin und deren Nachfolgern waren unermessliche Leiden und Verluste an Menschen und Werten. Der Autor bietet eine mehr analytische als deskriptive Arbeit, zeigt aber auch eine Fülle neuer Fakten und Folgerungen.

Igor Tschubais, Doktor der Philosophie und Professor, lebt und arbeitet in Moskau. In den Jahren der Perestroika war er einer der Führer der demokratischen Bewegung, mehrmals hielt er Vorträge in Deutschland, so an der Universität Bremen, im Radio „Swoboda“ in München und als Gast auf dem Parteitag der SPD im damaligen Westberlin.